Men's Homes

ÜBERRASCHEND, STILVOLL, ANDERS

MIRKO BEETSCHEN
STÉPHANE HOULMANN

INHALTSVERZEICHNIS

Vorwort 7

Patrick McDonough, New York 8
Markus Schöb, Zürich 22
Michel Thoulouze, Venedig 32
Manlio Armellini, Mailand 44
Eduard Neuenschwander, Zürich 52
Yvan Mangili, Zürich 64
Dominic Houlder, Isle of Skye 72
Lorenzo Bagnara, Genua 80
Fritz Barth, Stuttgart 88
Gregorio Gavarone, Genua 102
Leo Zimmermann, Basel 110
Jörg Johnen, Berlin 118
Andrew McDonagh, London 128
Qingyun Ma, Los Angeles 138
Marco Sala, Mailand 150
Coşkun Uysal, Istanbul 164
Beat Schneider, Aarau 170
Antti Lovag, Nizza 180

Herstellerverzeichnis 188
Mitwirkende 190

VORWORT

Ein Dschungel auf der Dachterrasse

„Wohnen Männer denn anders?", war die erstaunte Standardfrage, wenn wir von unserem Buchprojekt erzählten. Tun sie's?

„Kultur ist der verfeinerte Umgang mit einer Sache", sagt der Architekt Eduard Neuenschwander, dessen Zuhause wir Ihnen ab Seite 52 vorstellen. Einen verfeinerten Umgang erreicht man, indem man sich mit einer Materie auseinandersetzt und sie in ihrer Komplexität erfasst. Beim Wohnen bedeutet das in erster Linie, sich selbst und seine Bedürfnisse kennenzulernen und sich der Vielfalt an Gestaltungsmöglichkeiten bewusst zu werden. Mit anderen Worten: Um ein individuelles, stilvolles Zuhause zu schaffen, sollte man sich als Erstes von bekannten Mustern verabschieden und anfangen, auf sich selbst zu hören.

Für unsere Interior-Reportagen suchen wir immer wieder nach Menschen, die sich von Konventionen gelöst haben, die Wohnen als Ausdruck der eigenen Kreativität leben und auf ihre persönlichen Bedürfnisse eingehen, statt irgendwelchen massentauglichen Vorstellungen zu folgen. Vielleicht hat man ja schon immer von einem kleinen Teesalon geträumt, einer eigenen Bibliothek oder dem privaten Dschungel auf der Dachterrasse... Das Tolle ist, beim Wohnen sind Fantasie und Kreativität keine Grenzen gesetzt!

Die in diesem Buch vorgestellten Bewohner jedenfalls haben den Schritt zur Individualität gemacht, fürchten sich nicht vor Wagnissen oder Veränderungen und haben einen festen Glauben an die eigene Vision – ob dies nun ein französischer Freidenker ist, der den rechten Winkel verabscheut (ab Seite 180), ein chinesischer Architekturprofessor, der mit seinem Wohnhaus bei LA nicht nur das moderne Erbe Kaliforniens ehrt, sondern dabei auch eine Architektur von höchster Individualität schafft (ab Seite 138), oder ein TV-Produzent, der mit Sack und Pack von Paris nach Venedig übersiedelt, um dort einen alten Winzerbetrieb aufzumöbeln (ab Seite 32), diese Menschen haben ihren eigenen Stil gefunden.

Natürlich sind unsere Protagonisten – wie wir alle – geprägt von ihrem Umfeld, ihrem Beruf, ihren Hobbys und Interessen, ihrer Herkunft und Kultur und ja, nicht zuletzt auch ihrem Geschlecht. Und das darf sich in der Wahl und Gestaltung des Wohnumfelds durchaus ausdrücken.

Wohnen Männer also anders? Natürlich! Sehen Sie selbst.

Viel Vergnügen beim Blättern und Lesen sowie viel Inspiration beim Wohnen wünschen Ihnen

Mirko Beetschen & Stéphane Houlmann

„New York ist die beste Stadt der Welt, aber es ist eine Herausforderung, ständig hier zu wohnen."

MANHATTAN TRANSFER

Patrick McDonough

**Ort: Soho, New York
Gebäude: Lagerhaus
Baujahr: 1910
Wohnfläche: 676 m²**

New Yorks Geschwindigkeit ist legendär. Doch dass das alte Lagerhaus im Niemandsland, das der Grafiker Patrick McDonough zum Wohn- und Arbeitshaus umbauen liess, innerhalb weniger Jahre im Zentrum des nächsten Trendquartiers läge, hätte er sich nicht träumen lassen.

Als Patrick McDonough 1984 nach New York City zog, wusste er nicht, ob er wirklich bleiben würde. „Während den ersten sieben Jahren behielt ich meine Wohnung in Boston", schmunzelt er. „Und dann dachte ich: ‚He, mir gefällt's hier, und ich kann sogar meine Miete bezahlen.' Also bin ich geblieben." Unterdessen kann sich der Grafiker gar nicht mehr vorstellen, an einem anderen Ort zu leben. „New York ist einfach die beste Stadt der Welt. Gleichzeitig ist es eine Herausforderung, ständig hier zu wohnen. Man muss einen Ausgleich finden, um dem Trubel hin und wieder zu entkommen."

Aufgewachsen ist Patrick in Boston. In seiner Heimatstadt sowie an der Universität von Colorado in Boulder studierte er Malerei, Grafik und Illustration. Durch ein Praktikum kam er zum ersten Mal mit dem Gebiet des Fernseh- und Rundfunk-Designs in Kontakt, dem er bis heute treu geblieben ist. Nach New York zog er für einen Job beim amerikanischen Fernsehsender NBC. Eine Zeitlang arbeitete er als Freelancer, bevor er 1993 seine eigene Firma gründete. „Mein Büro lag damals in Tribeca und meine Wohnung in Soho", erzählt Patrick. „Ich mag diese Gegend von Manhattan sehr, aber sie war damals stark im Umbruch, so dass die Mietsituation sehr unsicher war. Deshalb begannen wir uns nach etwas Eigenem umzusehen."

Patrick und sein Partner, der Florist und Landschaftsarchitekt Michael Burst, kontaktierten den Architekten Peter Himmelstein, mit dem sie schon einige kleinere Projekten gemacht hatten. Gemeinsam begannen sie, nach einem geeigneten Gebäude Ausschau zu halten, welches gross genug war, um sowohl die private Wohnung als auch Patricks Firma aufzunehmen. „Die beiden schauten sich damals viele verschiedene Objekte an", erinnert sich Peter Himmelstein. „Als sie schon beinahe aufgegeben

FOTOGRAFIE: SABRINA ROTHE

MANHATTAN TRANSFER

hatten, tauchte plötzlich dieses Haus auf. Es stand damals im Niemandsland, irgendwo zwischen Soho, Greenwich Village und Tribeca, und die Immobilienhaie müssen es einfach übersehen haben." Das schlichte viergeschossige Backsteingebäude war gegen Ende des 19. Jahrhunderts gebaut worden und diente ursprünglich wohl als Lagerhaus. Spuren eines alten Warenlifts bestätigen diese Vermutung. Während des 20. Jahrhunderts wurde es dann allerdings zum Wohnhaus umfunktioniert und in den letzten Jahrzehnten stark vernachlässigt. Entsprechend traurig war sein Zustand. Da die Liegenschaftspreise Mitte der 1990er-Jahre noch nicht explodiert waren, konnte Patrick das Haus zu einem vernünftigen Preis erstehen.

Peter Himmelstein wurde mit dem Umbau und der Erweiterung der alten Liegenschaft beauftragt. „Der Grundriss ist trapezförmig", erklärt der Architekt. „Von der Straße aus sieht das Gebäude viel größer aus, doch gegen hinten verjüngt es sich stark. Die einzelnen Etagen sind deswegen gar nicht so geräumig, wie man vermuten könnte." Um mehr Raum zu erhalten, setzte der Architekt dem Backsteingebäude eine große Kiste aus Stahl und Glas auf und erhöhte das Gebäude so um zwei Stockwerke. Der industrielle Look der Fensterfronten mit ihren dunklen Metallrahmen erinnert an die industrielle Vergangenheit des Baus und fügt sich harmonisch in das ehemalige Industriequartier ein.

Im Innern musste das Haus komplett ausgehöhlt werden. In den dreieckigen, anders kaum nutzbaren Raum auf der Rückseite ließ der Architekt eine neue Metalltreppe einbauen. Daneben verbindet ein Lift die sechs Stockwerke. Die Büros von Patricks Firma PMcD Design nehmen die unteren drei Etagen ein, während in der oberen Gebäudehälfte gewohnt wird. „Patrick hat ein sehr spannendes Auge", sagt Peter Himmelstein. „Ich erinnere mich noch an seinen riesigen Loft in Soho. Er war voll mit schrägen Antiquitäten, alten Verkaufsmöbeln und Regalen gefüllt mit Objekten der amerikanischen Popkultur. Mit seinem neuen Zuhause wollte ich Patrick eine leere Leinwand schenken, die er mit

Oben: Die Aussicht von der Dachterrasse ist schlicht spektakulär und umfasst ganz Südmanhattan. Aus der Skyline sticht die Spitze des im neugotischen Stil erbauten Woolworth-Hochhauses heraus. Vor 2001 hatten auch die Zwillingstürme des World Trade Center dazu gehört.

Links: Patrick McDonoughs Haus steht am Rand der beliebten Viertel Soho, Tribeca und Greenwich Village. Die Ecke wird erst allmählich entwickelt. Das Gebäude stammt aus dem späten 19. Jahrhundert und diente ursprünglich als Lagerhaus. Der Architekt Peter Himmelstein hat das Gebäude um zwei Etagen aufgestockt, die er in einem modernen industriellen Stil gestaltet hat.

seiner Kreativität füllen kann." Es war nicht einfach, aus einem großzügigen Loft, der sich horizontal orientiert, in ein Haus zu ziehen, dessen Räume in die Höhe gestapelt sind. Zum Glück hatten Patrick und Michael schon ein paar Jahre zusammen gewohnt, sodass nur ein Haushalt bewegt werden musste. Zu Beginn schien vieles, was in der ehemaligen Industriehalle wohlproportioniert gewesen war, für das neue Haus zu groß. Tatsächlich mussten ein paar Möbelstücke mit einem Kran durch die

Fenster gehievt werden, doch am Ende fand alles seinen Platz.

Patrick und Michaels Haus besticht heute mit einem charmanten Mix aus unterschiedlichen Stilen. Als Hintergrund dient der industrielle Look des alten Gebäudes, den die beiden mit einem urbanen Landhausstil bespielen, der wiederum mit Referenzen an die Moderne und eleganten Designstücken aus den 1950er-Jahren gespickt ist. Im ganzen Haus stößt man auf kuriose Objekte, denen man im ersten Augenblick nicht ansieht, ob es sich um Kunst oder zur Ikone hochstilisierte Flohmarktobjekte

Der alte Sessel gehörte einst Michaels Urgroßmutter. Er ließ ihn in einem blaugrauen Samtstoff neu beziehen. Auf dem Boden daneben liegt ein alter Medizinball aus Leder, den das Paar als Einzugsgeschenk erhielt.

handelt. Da stehen afrikanische Masken, uralt aussehende Keramiktöpfe oder die morbid aussehenden Gussformen für alte Puppen. Die Backsteinwände des Treppenhauses ziert Michaels Sammlung von Malen-nach-Zahlen-Bildern, die er sich über Jahre auf New Yorker Flohmärkten zusammengekauft hat.

So großstädtisch die Lage des Hauses, bietet es doch Raum für drei große Terrassen auf unterschiedlichen Ebenen. Dank Michaels ‚grünem Daumen' haben diese sich in Kürze zu üppigen Oasen verwandelt und ersetzen den fehlenden Garten locker. Den größten Außenraum, die Dachterrasse, hat er mit riesigen Töpfen eingefasst, aus denen alle möglichen Büsche, Bäume und Blumen wachsen. Von hier genießen die Besitzer eine einmalige Sicht über den Süden Manhattans, den Hudson und New Jersey auf der anderen Seite.

Patrick McDonough ist rundum zufrieden mit seiner neuen Wohn- und Arbeitssituation. „Peter Himmelsteins und unsere Vorstellungen des Hauses waren so ziemlich deckungsgleich", sagt Patrick. Trotzdem möchte er das Projekt nicht noch einmal durchleben. „Es machte wirklich Spaß mit Peter zu arbeiten und die vielen kleinen Entscheidungen zu treffen", erinnert er sich, „aber ich hielt es während der Bauzeit hier nicht aus. Ich fand es extrem frustrierend und war wirklich froh, dass Michael die Arbeiten überwacht hat. Und zuvor hat das lange Warten auf die Bewilligungen an meinen Nerven gezerrt: Plötzlich befinden sich all deine Träume auf einem Stück Papier auf irgend einem Bürostapel." Schließlich ging aber alles problemlos über die Bühne, und der Umbau konnte nach zehn Monaten abgeschlossen werden.

Heute brummt die Straße vor Leben: Menschen gehen in den vielen neuen Bürogebäuden, schicken Restaurants und Cafés ein und aus. „Da haben wir vor ein paar Jahren im Niemandsland gebaut," lacht Peter Himmelstein, „und plötzlich steht das Haus in idealer Lage inmitten von boomenden Quartieren. New York ändert sich unheimlich schnell, aber dieses Mal waren wir dem Trend eine Nasenlänge voraus."

Oben: Der Wohnbereich im vierten Stock ist in einem modern-rustikalen Stil eingerichtet. Der Kamin besteht aus alten Backsteinen, die beim Abbruch von Wänden des Hauses übrig blieben. Davor steht ein peruanischer Kochtopf aus Ton. Der moderne Perserteppich ist mit natürlichen Farben gefärbt und aus biologischen Materialien gewoben. Die grüne Figur auf dem Tisch ist eine alte Puppengussform.

Rechts: Die blauen Lupinen nehmen die organische Form der Vasen auf. Die zwei rechts sind Arbeiten des New Yorker Keramikdesigners Jonathan Adler, diejenige links ist ein Vintagestück.

MANHATTAN TRANSFER

**Zitate unterschiedlichster
Kunst- und Wohnstile schaffen
eine einzigartige Wohnwelt.**

Links: Der Konferenztisch in Patricks Büro ist ein alter französischer Schneidertisch. Um seiner Überhöhe gerecht zu werden, mussten die Bänke rundum mit Rollen an den Füssen erhöht werden. Der Leuchter ist eine Arbeit des Brooklyner Designers David Weeks.

Oben: Ein Tisch und Stühle aus den 1950er-Jahren formen den Essbereich im Wohnzimmer. Die Fotografie an der Wand hat der amerikanische Innenarchitekt und Fotograf Vicente Wolf gemacht.

Oben: Im Schlafzimmer gibt es auch eine kleine Lounge. Die antiken Stühle sind aus Teak und stammen wahrscheinlich aus Thailand.

Rechts: Die kleine Marienfigur im Schlafzimmer gehörte Michaels Mutter und stammt aus dem Vatikan.

Rechte Seite: Die neue Metalltreppe im dreieckigen Rückteil des Hauses zieht sich über sechs Stockwerke und erinnert an die industrielle Vergangenheit des Gebäudes. An der Wand hängt ein Teil von Patricks Malen-nach-Zahlen-Bildern, die er auf den Flohmärkten New Yorks zusammengesammelt hat.

Unten: Das Schlafzimmer nimmt den größten Teil des obersten Stockwerkes ein. Es ist mit warmen Braun- und kontrastierenden Blautönen eingerichtet. Die Backsteinwand am Kopfende des Bettes liessen Patrick und Michael in einem warmen Sandton streichen. Die Holzbank ist ein Flohmarktfund, der Überwurf stammt aus Südafrika.

Rechte Seite, oben: Das Badezimmer ist mit weißen Mosaikkacheln verkleidet und verfügt statt einer Wanne über eine große, begehbare Dusche.

Rechte Seite, unten: In einer kleinen Gipsbüste, die er auf einem Flohmarkt gefunden hat, erkennt Patrick den perfekten männlichen Kopf.

MANHATTAN TRANSFER

MANHATTAN TRANSFER

Links: Michael verwendete unterschiedliche Pflanzentöpfe, um die Dachterrasse zu strukturieren. Auf dem Bild sind solche in Faserstein und Beton zu sehen. Die Pflanzen sind Japanischer Ahorn und Japanisches Waldgras.

Unten links: Florist Michael ist verantwortlich für die Gestaltung der Außenräume. Auf der Dachterrasse hat er mit Büschen und Bäumen in unterschiedlichen Grüntönen einen wunderbaren Rückzugsort geschaffen. Die Pflanzen formen eine Art Hecke rund um den Tisch und die Liegestühle, von denen man eine fantastische Sicht auf den südlichen Teil Manhattans hat.

Unten rechts: Auf einem Gestell auf der Dachterrasse pflegt Michael seine Sukkulentensammlung.

„Mir gefällt das Material Beton im Zusammenspiel mit alten Kunstwerken extrem gut."

KUNSTHAUS

Markus Schöb

Ort: Seefeld, Zürich
Gebäude: Mehrfamilienhaus
Baujahr: 2010
Wohnfläche: 144 m²

In einem außergewöhnlichen Appartement mitten in Zürich nimmt der Galerist Markus Schöbs individueller Mix aus avantgardistischer Architektur, klassischer Kunst und modernem Möbeldesign den Besucher auf eine Reise durch die Kunstgeschichte mit.

„Ein bisschen fühlt es sich hier an, als ob man in Cannes lebt", schmunzelt Markus Schöb. „Das Seefeld-Quartier in Zürich ist unglaublich lebendig, und in ein paar Schritten bin ich von meiner Wohnung an der Seepromenade. Gerade im Sommer ist das einfach herrlich." Das beliebte Quartier liegt so zentral, dass man dem See entlang zu Fuß in die Oper spazieren kann. Andere am See oder Fluss gelegene Stadtteile erreicht man per Boot, und dass gleich zwei von Zürichs weltbekannten alten Bädern in Gehdistanz liegen, ist nur ein weiterer Vorteil. Die Straßen des Quartiers sind geprägt von einer bunten Mischung aus Arbeiterhäusern, alten Villen und Miethäusern aus den vergangenen 130 Jahren, wobei in den letzten Jahren im Zuge von Zürichs starkem Bevölkerungswachstum sehr viel in die alte Bausubstanz, aber auch in zahlreiche Neubauten investiert wurde.

Es war ein befreundeter Architekt, der die einmalige Chance erhalten hatte, innerhalb einer kleinen Blockrandparzelle ein Mehrfamilienhaus zu planen, in welcher sich heute Markus Schöbs Eigentumswohnung befindet. „Frank E. Straßer hat ein großes Faible für Beton", erzählt er. „Mir gefällt dieses Material gerade in Kombination mit alten Kunstwerken extrem gut." Auch die edlen Vintage-Möbel aus der Mitte des 20. Jahrhunderts, die Markus Schöb für sein letztes Domizil – eine „Wohnung aus den 1960er-Jahren im James-Bond-Stil" – gekauft hatte, passen hervorragend zum sinnlich-schlichten Stil des Neubaus. So geht man in Markus Schöbs Zuhause heute auf eine kulturhistorische Zeitreise, auf welcher man von der italienischen Barockmalerei, über flämische Stillleben aus dem 17. Jahrhundert bis zu Möbelklassikern der Skandinavischen Moderne und des amerikanischen Mid-Century modern begegnet und schließlich von den Werken junger Künstler und der allgegenwärtigen skulpturalen Betonar-

FOTOGRAFIE: MARTIN GUGGISBERG

chitektur von Frank E. Straßer wieder ins Heute geholt wird.

Der bei St. Gallen aufgewachsene Markus Schöb hat in Zürich Kunstgeschichte, Geschichte und Deutsche Literatur studiert. Direkt nach dem Studium engagierte ihn Christie's als Experten für Schweizer Kunst. „Das war ein Sprung ins kalte Wasser", erinnert sich der Galerist, „aber äußerst lehrreich!" Seit 2004 ist er Mitinhaber der Galerie Widmer, dem größten Ostschweizer Auktionshaus, mit Stammhaus in St. Gallen. Schöb war für die Eröffnung der Zürcher Galerie zuständig, die er heute leitet. Bewusst konzentrieren sich er und Hans Widmer auf ältere Kunst sowie die Klassische Moderne. Ihre Hauptkünstler sind so illustre Schweizer wie Hans Arp, Félix Vallotton und Cuno Amiet.

Privat ist Markus Schöbs Interessensfeld um einiges breiter abgesteckt. Der Kunsthistoriker, der eine besondere Leidenschaft für das 19. Jahrhundert hegt, liebt es, Stile zu kombinieren und neue Spannungsfelder zu schaffen. So kann in seinen Wohnräumen durchaus ein dramatisches italienisches Stillleben auf ein klassisches Werk der Minimal Art treffen. Dabei ist alles sehr genau inszeniert. „Ich verliebe mich nicht einfach so in ein Kunstwerk", beschreibt er seine Art Kunst zu sammeln. „Ich weiß schon vorher sehr genau, was ich will und mache mich auf die Suche danach."

Seine neue Wohnung bezogen hat der Galerist vor drei Jahren. Fünf gleich geschnittene Etagenwohnungen beinhaltet der Neubau plus eine sechste Einheit ganz oben, welche zusätzlich zur Loggia anstelle eines Zimmers über ein attraktives Atrium verfügt. Die Räume spannen sich zwischen Sichtbetonscheiben, die zugleich tragende, unterteilende und wärmespeichernde Funktion haben. Der Verzicht auf Korridore und herkömmliche Türen – zum Einsatz kamen fast ausschließlich Schiebetüren – macht die Wohnungen offen und großzügig. Besondere Beachtung hat der Architekt den Verhältnissen zwischen Innen und Außen, zwischen Privatem und Öffentlichem geschenkt. Während in den letzten Jahren zahllose Wohnbauten mit riesigen Fensterfronten zur Straße hin entstanden sind, scheint sich der Neubau im Seefeld mit einer Fassade aus rhythmisch perforierten Betonelementen auf den ersten Blick nach außen zu verschließen. Tatsächlich ist ihr Öffnungsanteil sorgfältig austariert, sodass die Räume mit ausreichend Tageslicht versorgt werden und der Blick nach außen ungehindert bleibt. Gleichzeitig wird durch das Filtern des Lichts dem Bedürfnis der Bewohner nach Privatsphäre und Schatten Rechnung getragen, einem Bedürfnis, das hinter den allgegenwärtigen Panoramafenstern mit stets zugezogenen Vorhängen und Jalousien manifest wird. Die Betonfassade fügt sich selbstbewusst und ruhig zwischen ein Büro- und ein Wohnhaus aus den frühen 1960er-Jahren. Auf vorspringende Fassadenelemente, Erker oder Balkone hat Frank E. Straßer bewusst verzichtet, um den Wohnbau möglichst präzise in den Kontext zu fügen.

Weitsicht gönnt der Architekt den Bewohnern auf der anderen Seite, wo sich die Wohnungen mittels raumhoher Verglasungen zu einer weiten Grünfläche mit altem Baumbestand hin öffnen. Die Ausrichtung dieser Fassade nach Süden machte es zudem möglich, das Sonnenlicht durch spezielles lichtdurchlässiges Glas in Wärme umzuwandeln, was im Winter einen großen Energiegewinn bedeutet. Wände und Decken speichern die Wärme und geben sie nach und nach wieder ab. Das ‚minergiezertifizierte' Wohnhaus erreicht damit einen sehr geringen Heizenergiebedarf. Dieser wird durch Erdgas gedeckt, welches mittels einer selbstregulierenden Bodenheizung verteilt wird.

Vorhergehende Seite: Die Lage direkt an einer Grünfläche mit altem Baumbestand erlaubte dem Architekten eine sehr transparente Gestaltung der rückwärtigen Südfassade.

Oben: Eine differenzierte Perforierung der Betonfassade gewährt den Bewohnern Sichtschutz und filtert das Tageslicht, während der Blick nach außen ungehindert ist.

Rechte Seite oben: In der Küche spannt sich der kulturgeschichtliche Bogen von Giovanni Battista Ruoppolos Gemälde aus dem 17. Jahrhundert über den Kerzenleuchter aus dem 18., den Eames-Stühlen aus den 1950er-Jahren bis zur zeitgenössischen Betonarchitektur. Die Küche ist ein Entwurf des Architekten.

Rechte Seite unten: Im Entree hängt ein Kunstwerk des britischen Künstlers Jonathan Monk: ein Spiegel, in dem eine weitere Arbeit des gleichen Künstlers zu sehen ist.

In Markus Schöbs Zuhause geht man auf kulturhistorische Zeitreise – vom Barock bis zur Moderne.

Oben: Die von Architekt Frank E. Strasser entworfene Bibliothek ließ Markus Schöb im Farbton der Fensterrahmen lackieren. Der Schaukelstuhl ist ein Original von Charles & Ray Eames.

Rechte Seite oben: Raumhohe Verglasungen öffnen den Wohnbereich zum Grünraum im Süden des Hauses. Spezielles lichtdurchlässiges Glas versorgt die Wohnungen im Winter mit zusätzlicher Wärme, die von den Betonwänden und –decken gespeichert wird.

Rechte Seite rechts: Die Skulptur auf dem Sockel stammt von André Derain.

Rechte Seite unten: Das Tageslicht in der straßenseitigen Küche wird von dem perforierten Beton-Vorhang gefiltert. Auf dem Esstisch steht ein französischer Kerzenleuchter aus dem 18. Jahrhundert, den Markus Schöb auf einem Flohmarkt erstanden hat. Die Stühle sind originale Eames-Stücke.

KUNSTHAUS

KUNSTHAUS

Linke Seite: Im hellen Schlafbereich setzt das Gemälde eines italienischen Barockmalers einen Kontrastpunkt.

Links oben: Seltenes Glück in der Stadt: Die Rückseite der Wohnung ist gegen Süden ausgerichtet, ist den ganzen Tag mit Sonne versorgt und gibt über eine freie Grünfläche hinweg den Blick in die Ferne frei.

Rechts oben: Beton ist das vorherrschende Material in den Wohnungen. Markus Schöb kombiniert dieses im Wohnbereich mit einem Nussbaumparkett. Das lange Bild von Kenneth Noland trägt den Titel „Seascape" und zeigt eine Landschaft mit Sonnenuntergang.

Rechts: Wie eine Box schiebt sich die Loggia in den Wohnraum und wird im Sommer integraler Teil davon. Das Relief über dem Sofa ist eine Arbeit von Hans Arp. Im Hintergrund ein Bild des Schweizer Künstlers Niele Toroni.

„Drei Jahre musste ich verhandeln, bis der Verkauf des verfallenen Bauernhofes unter Dach und Fach war."

LIEBE IN DER LAGUNE

Michel Thoulouze

Ort: Sant'Erasmo, Venedig
Gebäude: Bauernhaus
Baujahr: 19. Jahrhundert
Wohnfläche: 300 m²

Erblickt. Begehrt. Gekauft. Auf der Fahrt zu Venedigs Flughafen Marco Polo entdeckte der Franzose Michel Thoulouze vom Taxiboot aus eine Ruine am Rande der Insel Sant'Erasmo. Der ehemalige Bauernhof wurde nach der Renovierung zu seinem neuen Lebensmittelpunkt. Der frühere TV-Manager hat den historischen Weingarten um sein Haus aktiviert und ist heute Venedigs einziger Profi-Winzer mit eigener Kelterei in der Lagune.

Aufbauen aus dem Nichts, das liegt ihm. Mehr als 75 Fernsehkanäle hat der ehemalige TV-Manager Michel Thoulouze bisher auf der ganzen Welt gegründet. Zuletzt verhalf er der autonomen Region Kurdistan im Norden des Iraks zu einem TV-Programm. Doch dass er nun in der venezianischen Lagune sein Land bestellt wie die Bauern ringsum auf der Insel, dass er seine französischen Freunde mit der dreirädrigen Ape vom Vaporetto-Stop abholt und den Gästen als Sitzplätze für die Fahrt zu seinem Haus umgedrehte Plastikbehälter auf der Ladefläche anbietet – das ist eine Entwicklung, mit der Michel Thoulouze sich selbst überrascht hat: „Den Traum, Winzer zu werden in Venedig, den hatte ich niemals", erklärt er. „Vielleicht habe ich es genau deshalb so gut getroffen auf Sant'Erasmo."

Rund 700 Einwohner, viele Felder: Die größte Insel der venezianischen Lagune ist die Gemüseproduzentin für Venedig. Die pittoreske Vitaminpracht des Rialto-Markts stammt zum großen Teil von hier. Touristen gehen in Sant'Erasmo eher selten an Land. Auch Michel Thoulouze kannte die Insel nur vom Wasser aus. Wie viele seiner Landsleute liebte er Venedig, wie manche Privilegierte leistete er sich ein Appartement im Centro Storico. Aber er war der Einzige, dem auf einer Fahrt mit dem Taxiboot die Bauernhof-Ruine auffiel. Direkt am Ufer der Lagune lag sie, aber halb versteckt wie ein Dornröschenschloss hinter Brombeersträuchern, die jahrzehntelang Zeit gehabt hatten, ungestört zu wuchern.

Drei Jahre, erzählt Michel Thoulouze, musste er verhandeln, bis der Kauf des verfallenen Bauernhofs mit dem verwilderten 11 000-Quadratmeter-Grundstück perfekt war: „Damals gab es noch keinen Immobilienmarkt auf der Insel. Wir

FOTOGRAFIE: QUIRIN LEPPERT
TEXT: RUTH HÄNDLER

hatten keine Vergleichspreise." Das hat sich geändert. Seit der französische Stardesigner Philippe Starck die Insel Burano als Rückzugsort gewählt hat und dort mehrere der kleinen bunten Häuser für sich renovieren ließ, ist die nördliche Lagune auch bei Italienern in Mode gekommen.

Regional ist Trumpf: Auf den Tisch kommt die heimische Ernte, auch als Deko. Hier: Artischockenblüten aus dem eigenen Garten

Michel Thoulouze, zuletzt bei der französischen Pay TV-Gruppe Canal+ als Direktor fürs Auslandsgeschäft verantwortlich, hatte seinem idyllisch gelegenen Steinhaus direkt am Wasser zunächst die Rolle eines Feriendomizils zugedacht. Für die Restaurierung des Hofs aus dem 19. Jahrhundert, in dem bis in die 60er-Jahre des 20. Jahrhunderts mehrere Familien gewohnt hatten, holte er den venezianischen Architekten Alfredo Marascalchi an Bord. Der italienische Baumeister fand in seinem französischen Bauherren einen Projektpartner auf gleicher Augenhöhe.

Michel Thoulouze, 67, hat in seinem Leben schon viele Häuser gebaut und umgebaut. Drei davon allein in Key West, wo seine damalige Freundin, US-Filmstar Kelly McGillis („Top Gun", „Witness"), ein Restaurant besaß. Natürlich kennt Thoulouze die Restaurierungsstandards der Städter, etwa die Fassaden-Aufreisserei, in der sich die Landliebe gerne manifestiert. Da hält er dagegen. „Ich wollte in der Tradition der Insel bleiben", sagt er, „deshalb sind die Fenster so geblieben wie sie original waren. Also klein." Denn im Bauernhaus gebe es schon aus praktischen Gründen (die Kälte im Winter!) keine Panorama-Scheiben. Außerdem: „Die Bauern mussten sich drinnen nicht an der schönen Aussicht erfreuen. Die hatten sie den ganzen Tag lang bei der Arbeit draußen gehabt."

Weil auch die örtlichen Hausbauer nicht mehr alle traditionellen Techniken beherrschten, holten sie ihren Großvater auf die Baustelle. „Der wusste noch, wie's gemacht wird", erzählt Thoulouze. Also bekam der Massivbau an der Wetterseite, dort wo im Winter die eiskalten Bora-Winde wüten können, drei Schichten Ziegelsteine. Das handverlesene Mauerwerk stammt von einem alten Bauernhaus aus der Provinz Treviso. „Ansonsten", erklärt Architekt Marascalchi, „haben wir alles verwendet, was vom Vorgängerbau noch brauchbar war und uns nicht unter den Händen zerbröselte."

Der Boden in dem zur Lagune gelegenen Anbau mit Speisezimmer besteht aus den alten Ziegelplatten, mit denen die Tenne eingedeckt war. In den übrigen Räumen des Erdgeschosses glänzt Terrazzo alla veneziana – sozusagen die gehobene Art der örtlichen Resteverwertung: „In Venedig warf man beim Bau generell nichts weg", sagt Thoulouze, „weil der Abtransport viel mühseliger war als auf dem Festland. Marmorsplitter und Marmorstaub, die bei den Steinmetzarbeiten abfielen, setzte man dann für die Herstellung des Terrazzobodens ein." Besonders stolz ist der Hausherr auf die Holzläden, die mit ihrer simplen Machart – zwei Platten sind aneinandergenagelt, das heraustehende Nagelende wird mit einem Hammerschlag ins Holz gekrümmt – ebenfalls eine Inseltradition würdigen. Das stumpfe Grau ist, verrät Thoulouze, ein Markenzeichen seiner Häuser: „Alle haben Läden in dieser Farbe. Sie entsteht, wenn man Schwarz und Weiß ohne Farbbeigabe mischt. Jetzt fangen hier andere Hausbesitzer an, ihre Läden auch grau zu streichen."

Bewusst schlicht hat Thoulouze vieles in seinem Lagunensitz gehalten, von den Türen, die ohne Türstock anschlagen, bis zum rohen Sichtmauerwerk, auf dem alle Leitungen verlegt sind. Bei der Beleuchtungssteuerung allerdings griff er zu Luxus: „Meljac, der Rolls Royce unter den Lichtschaltern", erklärt er und streicht zärtlich über die formschöne Messingplatte. Der Teil des Hauses, in dem früher die Scheune untergebracht war, mit entsprechend großen Öffnungen in der Fassade, ist jetzt der 300-Quadratmeter-Wohnfläche zugeschlagen. Im Erdgeschoss befindet sich das geräumige Winterzimmer mit einer Kaminnische für gemütliche Runden am Feuer. Darüber hat der Hausherr sein Schlaf-, Schreib- und TV-Loft unter weiß gestrichenen Balken. Wie unten hat dieser Raum an den beiden Längsseiten sowohl Fenster zur Lagune als auch zum Garten. „Ich habe ein Haus für einen Egoisten gebaut", gesteht Thoulouze. „Mein Reich nimmt die Hälfte des oberen Stockwerks ein." Außer dem Zimmer seiner 14-jährigen Tochter Mathilde, die in Paris zur Schule geht, gibt es noch ein Gästezimmer.

Der Grund dafür, dass der Hausherr im ursprünglichen Feriendomizil nun zu jeder Jahreszeit anzutreffen ist, breitet sich draußen vor den Fenstern aus: Weinstöcke begleiten zu beiden Seiten die lange Zufahrt zwischen Haus und Straße. Und das ist nur ein Teil des Gutes, die Thoulouze auf Sant'Erasmo neu geschaffen hat. „Michel, ist dir klar, dass du das beste Stück Land gekauft hast?" ermahnten die Bauern den neuen Nachbarn, der eigentlich, so gibt er zu, die Aussicht gekauft hatte: jenes atemberaubende Lagunenpanorama hinüber nach Burano mit dem schiefen Campanile seiner Pfarrkirche San Martino, nach Torcello mit dem viereckigen Glockenturm und nach San Francesco del Deserto, der Klosterinsel mit dem dunklen Zypressenkranz. Lange mussten die Bauern von Sant'Erasmo den ‚Créateur' in Michel Thoulouze nicht anstacheln. Als Thoulouze auf einer historischen Inselkarte über seinem Grund und Boden den Eintrag „Vitigno del nobiluomo" las und so erfuhr, dass vor Jahrhunderten hier ein Weingarten gewesen war, war sein Ehrgeiz geweckt: Warum nicht als Erster wieder mit dem professionellen Weinanbau in der Lagune beginnen?

Inzwischen produziert Michel Thoulouze pro Jahrgang 15 000 Flaschen seines Weißweins „Orto di Venezia". Er ist der einzige Profi-Winzer mit eigener Kelterei in der Lagune, und dementsprechend groß ist die Nachfrage. Selbst im Winter, wenn die Inseln entweder im Nebelmeer versinken oder aber die Luft so klar ist, dass die verschneiten Dolomiten ganz nah erscheinen, machen die Önotouristen jetzt Halt auf Sant'Erasmo. „Wir sind ein ‚Must' geworden", sagt Thoulouze, „ich sehe inzwischen hier mehr Pariser als in Paris. Auf die Dauer muss ich vielleicht eine entlegenere Insel suchen, wenn ich wirklich ruhig leben will."

Elf Hektar Land umgeben das Bauernhaus. 4,5 Hektar hat Michel Thoulouze mit Reben bepflanzt, aus denen er seinen Weißwein „Orto di Venezia" keltert.

LIEBE IN DER LAGUNE

Links: Der Frisiertisch ist ein Design des Futuristen Ernesto Michahelles (1893–1959), genannt Thayaht.

Rechts: Die Mini-Ausgabe der Yamaha 50 wurde vom älteren Sohn an die jüngere Tochter weitergereicht und schmückt heute das Entree von Vaters Haus.

Rechte Seite: Spiegelnder Terrazzoboden, rohes Sichtmauerwerk und Holzbalkendecken – bei der Umwandlung des alten Bauernhofes zu seinem Wohnsitz in der Lagune hielt der französische Hausherr sich an venezianische Bautraditionen.

LIEBE IN DER LAGUNE

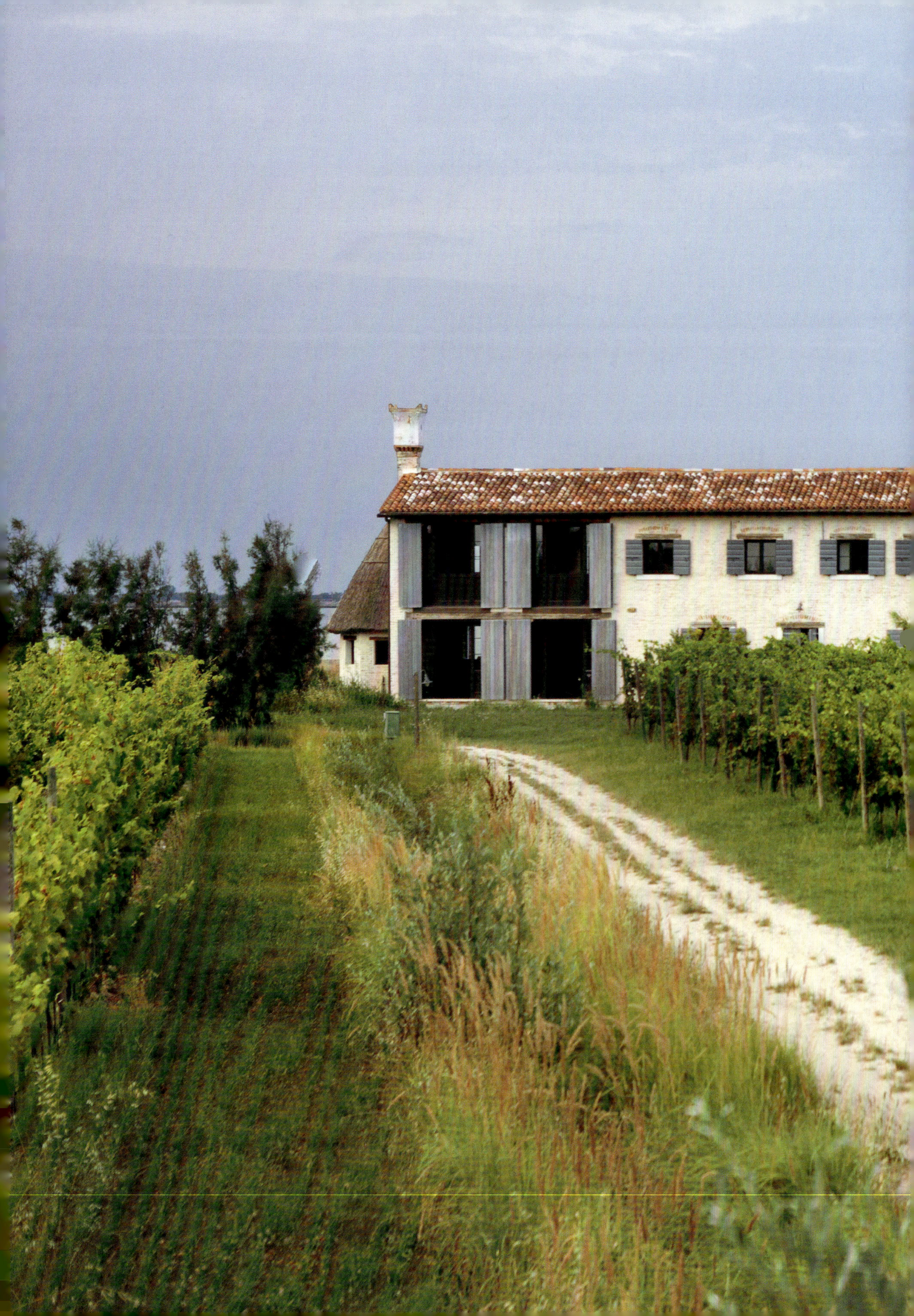

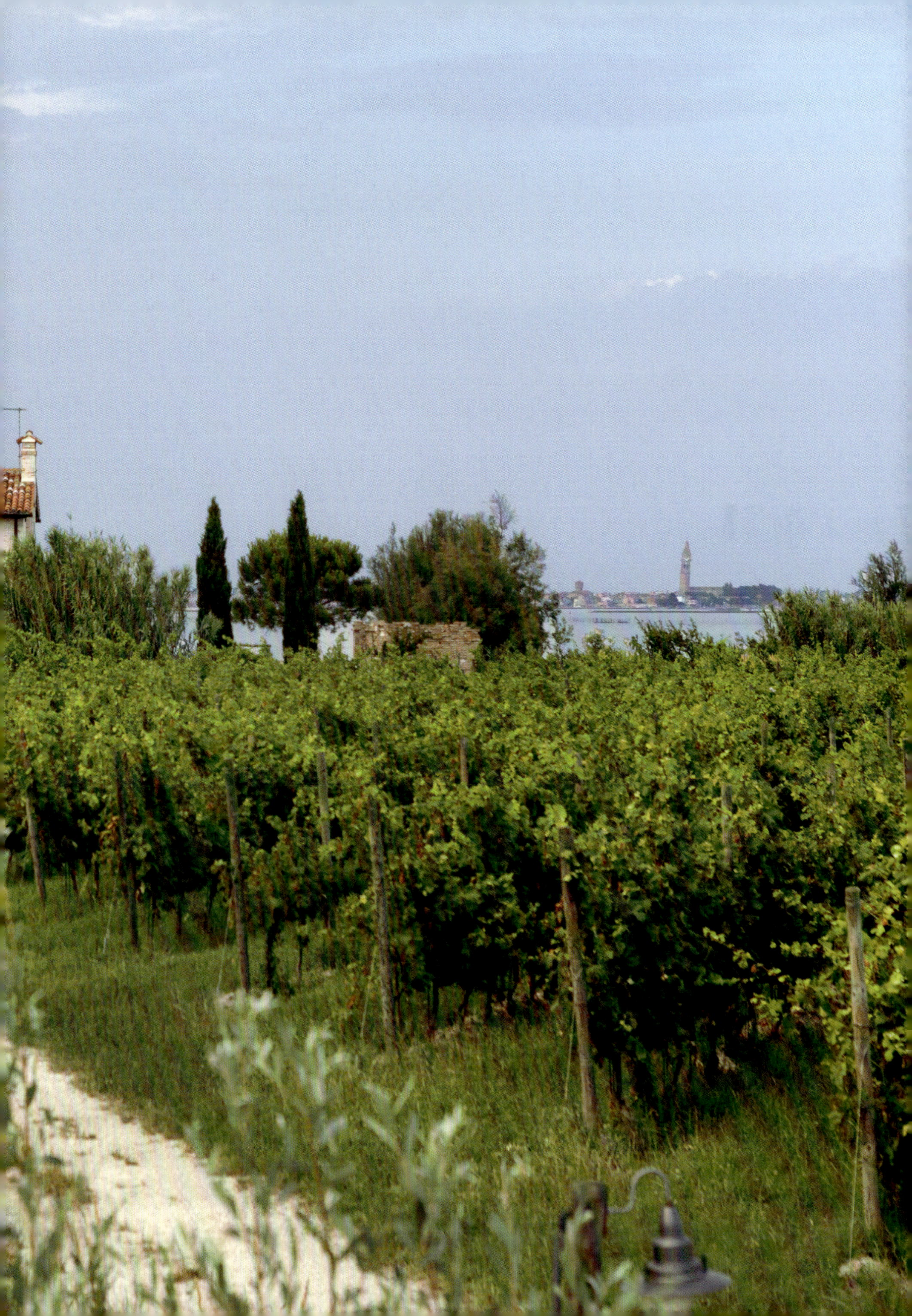

LIEBE IN DER LAGUNE

LIEBE IN DER LAGUNE

Vorherige Doppelseite: Der Originalbau vereinte Stall und Scheune (links) und Wohnen unter einem Dach.

Linke Seite, oben: Die Kronleuchter stammen aus einer Murano-Manufaktur.

Linke Seite, unten: Das Diorama über dem Herd gehört zu den historischen Schiffsdarstellungen, die Thoulouze im Haus verteilt hat.

Rechts: Ein Ochsenblut-Anstrich schützte in den Bauernhöfen angeblich vor dem bösen Blick. Deshalb ließ Thoulouze im Entree einen tiefroten Streifen malen.

Unten: Der große Winterwohnraum mit der Kaminnische hat Fenster zum Garten und zur Lagune.

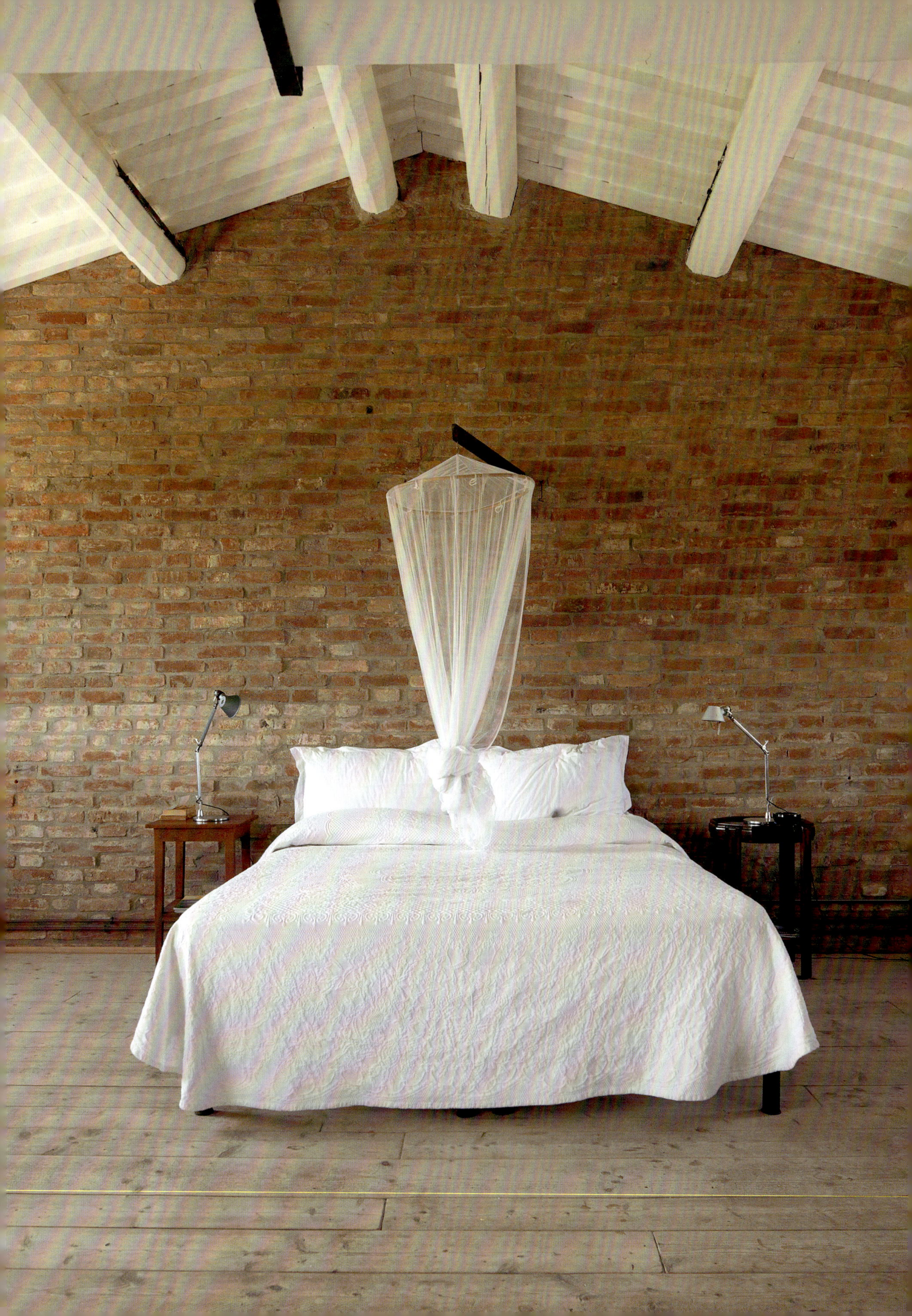

LIEBE IN DER LAGUNE

Linke Seite: Das lichtdurchflutete Schlafzimmer des Hausherrn nimmt die Hälfte des Obergeschosses ein.

Links: Der Schreibtisch im luftigen Schlafbereich ist ein Design der Brüder Ronan und Erwan Bouroullec.

Rechts: Statt der dunkel-rustikalen Holzdecke entschied Thoulouze sich für einen weißen Anstrich, der dem Raum Leichtigkeit verleiht. In der zeltartigen Überdachung verbirgt sich auch die Klima-Anlage.

PURE ITALIANITÀ

„In unserer Wohnung gehen
die ehemaligen Konkurrenten –
Skandinavien und Italien –
eine wunderbare Symbiose ein."

PURE ITALIANITÀ

Manlio Armellini

Ort: Parco Sempione, Mailand
Gebäude: Mehrfamilienhaus
Baujahr: 1937
Wohnfläche: 260 m²

Ein Appartement in einem ehrwürdigen alten Mailänder Stadtpalast erzählt die Geschichte des italienischen Designs von den 1950er-Jahren bis heute. Die ist eng verknüpft mit der Biografie des Hausherrn: Manlio Armellini, von 1974 bis 2009 Präsident von Cosmit, hat die Entwicklung der Mailänder Möbelmesse entscheidend geprägt – und somit das Design made in Italy überhaupt.

Wer das Appartement von Manlio Armellini und seiner Frau Armida im Herzen von Mailand betritt, erlebt im Kleinen, wie es den italienischen Möbelproduzenten Ende der 1950er-Jahre beim Besuch der Kölner Möbelmesse erging: Als erstes fällt einem skandinavisches Design ins Auge. Zwei knallrote „Egg Chairs" von Arne Jacobsen im großzügigen, zum Eingangsbereich hin offenen Wohn- und Esszimmer, herausgebracht von der dänischen Firma Fritz Hansen im Jahre 1958, heute längst ein Klassiker des modernen Möbeldesigns. Damals – gemeinsam mit den anderen formal und qualitativ überzeugenden Entwürfen der Skandinavier – neu, aufregend, begehrt. Aber auch ein Dorn im Auge all derer, die von Italien aus neidisch den kommerziellen Erfolg der ‚Nordlichter' beäugten.

„Die meisten italienischen Firmen stellten zu der Zeit noch traditionelles Mobiliar im Stil von Louis XV, Chippendale oder der Renaissance her", erzählt Manlio Armellini. „Das war zwar von hervorragender Qualität und hatte sich auf dem heimischen Markt lange Zeit gut verkauft, konnte jedoch im internationalen Wettbewerb nicht mithalten." Um der Übermacht der Skandinavier die Stirn bieten zu können, mussten moderne italienische Produkte her – das hatte nicht nur der Architekt und Designer Gio Ponti erkannt. Der veröffentlichte im Jahre 1958 in der Zeitschrift „Il mobile italiano" einen viel zitierten Aufruf an Architekten und Hersteller, den historisierenden Kram endlich hinter sich zu lassen und gemeinsam Neues zu wagen. Auch der Herausgeber der Zeitschrift, gleichzeitig Direktor der Italian Federation of Wood and Cork Industries, hatte verstanden, dass ein formal eigenständiger italienischer Stil der einzige Weg nach vorne sein würde: Tito Armellini,

FOTOGRAFIE: SABRINA ROTHE
TEXT: KRISTINA RADERSCHAD

Manlio Armellini verehrt das klassische Design Skandinaviens, das ihm eine große Inspiration war. Der Essbereich ist mit dem berühmten „Tulip"-Stühlen und dem dazugehörigen Tisch des Finnen Eero Saarinen möbliert.

Manlios Vater, förderte den Austausch zwischen Herstellern und Designern und trieb auch den Zusammenschluss der konkurrierenden heimischen Firmen voran – denn nur gemeinsam würde man stark genug sein, sich am internationalen Markt erfolgreich zu positionieren.

Was als Konsortium aus 22 italienischen Unternehmen begann, das auf der Kölner Möbelmesse 1960 einen großen Gemeinschaftsstand bespielte, entwickelte sich weiter zum Comitato Organizzatore del Salone del Mobile, kurz Cosmit, dem Organisationskomitee einer eigenen italienischen Möbelmesse. Bedeutende Möbelhersteller wie Franco Cassina, Cesare Castelli oder Angelo Molteni waren Gründungsmitglieder von Cosmit, Armellini senior der Generalsekretär. „In Italien gab es bis dato viele kleine, unbedeutende Möbelausstellungen", so Manlio Armellini. „Nach dem Vorbild der Kölner Messe, dem damals wichtigsten Stelldichein der Branche, wollte man diese durch eine große jährliche Schau ersetzen." Im September 1961 fand der erste Salone del Mobile Italiano in Mailand statt – mit 328 Ausstellern in zwei Hallen, darunter bereits Big Names wie Boffi oder Bonacina. Und auch Armellini Junior war von Anfang an dabei: Der damals 24-jährige hatte sich nach der Schule erst mit Grafikdesign und Werbung beschäftigt, bevor der Vater ihn zu Cosmit holte. Manlio beeinflusste in den kommenden Jahren mit wegweisenden Neuerungen die Entwicklung des Salone. Seine Idee, innerhalb der Messe eine Sonderschau für diejenigen Firmen zu schaffen, die sich mehr als andere in der Entwicklung innovativer, formal eigenständiger Produkte engagierten, entpuppte sich als Triebfeder für Design made in Italy. 1965 fand diese Designschau mit Neuheiten von Arflex, Bernini, Kartell, Tecno, Boffi, Cassina, Saporiti und anderen erstmals statt – und Mailand setzte endlich international Zeichen. Die ausländische Presse bejubelte die Innovationskraft und Qualität der gezeigten Entwürfe, und zahlreiche italienische Unternehmen sprangen in den Folgejahren auf den Design-Zug auf. ‚Bel Design' wurde zum Gütesiegel.

„Architekten wie Gio Ponti, Carlo Scarpa oder Achille Castiglioni haben damals mit ihren Entwürfen den typisch italienischen Stil geprägt, der so ganz anders war und ist als der skandinavische," so Manlio Armellini, in dessen Wohnung heute die ehemaligen Konkurrenten eine wunderbare Symbiose eingehen: Die besagten Arne Jacobsen-Sessel bilden mit zwei riesigen Sofas von B&B Italia die Sitzgruppe im Wohnzimmer, neben einem ovalen Esstisch samt zwölf Stühlen aus der „Tulip"-Familie des Finnen Eero Saarinen stehen Leuchten von Achille und Pier Castiglioni für Flos. Und zur orangerot lackierten Küche von Dada gesellt sich ein kleiner Tisch mit zwei Stühlen von Alvar Aalto. Zu jedem Möbel kann der Hausherr eine Geschichte erzählen, manche Stücke besitzen die Armellinis seit Jahrzehnten: „Die vier „Superleggera"-Stühle habe ich 1959 gekauft, der Marmortisch dazu stammt von Ettore Sottsass. Mein absoluter Lieblingsplatz jedoch ist der Gianfranco-Frattini-Sekretär im Arbeitszimmer, dort sitze ich abends oft bis spät und lese oder erledige Schriftkram."

1974 löste Manlio Armellini seinen Vater in der Position des Geschäftsführers von Cosmit ab, welches Amt er bis ins Jahr 2009 innehatte. Die Einführungen der Küchenschau Eurocucina und der Lichtschau Euroluce, die seit Mitte der 1970er-Jahre im Wechsel unter dem Dach der Möbelmesse stattfinden, fallen unter seine Ägide, genau wie die Talentschau Salone Satellite, welche Jahr für Jahr die Arbeiten junger Designer präsentiert. Die kurz „Saloni" genannte Messe ist längst zum weltweit wichtigsten Branchenevent geworden und zeigt jedes Jahr aufs Neue, was das Erfolgsgeheimnis des Design made in Italy ausmacht: Das vielfältige Zusammenspiel von Herstellern, Kreativen und der innovativen Plattform der Mailänder Möbelmesse.

Rot, die Lieblingsfarbe der Armellinis, findet sich überall im Haus, so auch im Gemälde von Nicola De Maria oder auf der Scanavino-Keramik auf dem Sideboard.

PURE ITALIANITÀ

Oben: Manlio Armellini umgibt sich in seiner Wohnung mit Designikonen wie den „Egg Chairs" von Arne Jacobsen – natürlich in Rot –, Kunsthandwerk und Kunst des 20. Jahrhunderts.

Unten: Muranoglas ist eine Leidenschaft von Armida Armellini. Kleinere Vasen sammelt sie in der Bibliothek im Wohnzimmer.

Rechte Seite: Der rote Stuhl heisst „Jenette" und stammt von den Campana-Brüdern. Das Tischchen ist ein Klassiker von Gerrit Rietveld. Das Bild links stammt von dem italienischen Künstler Pietro Dorazio.

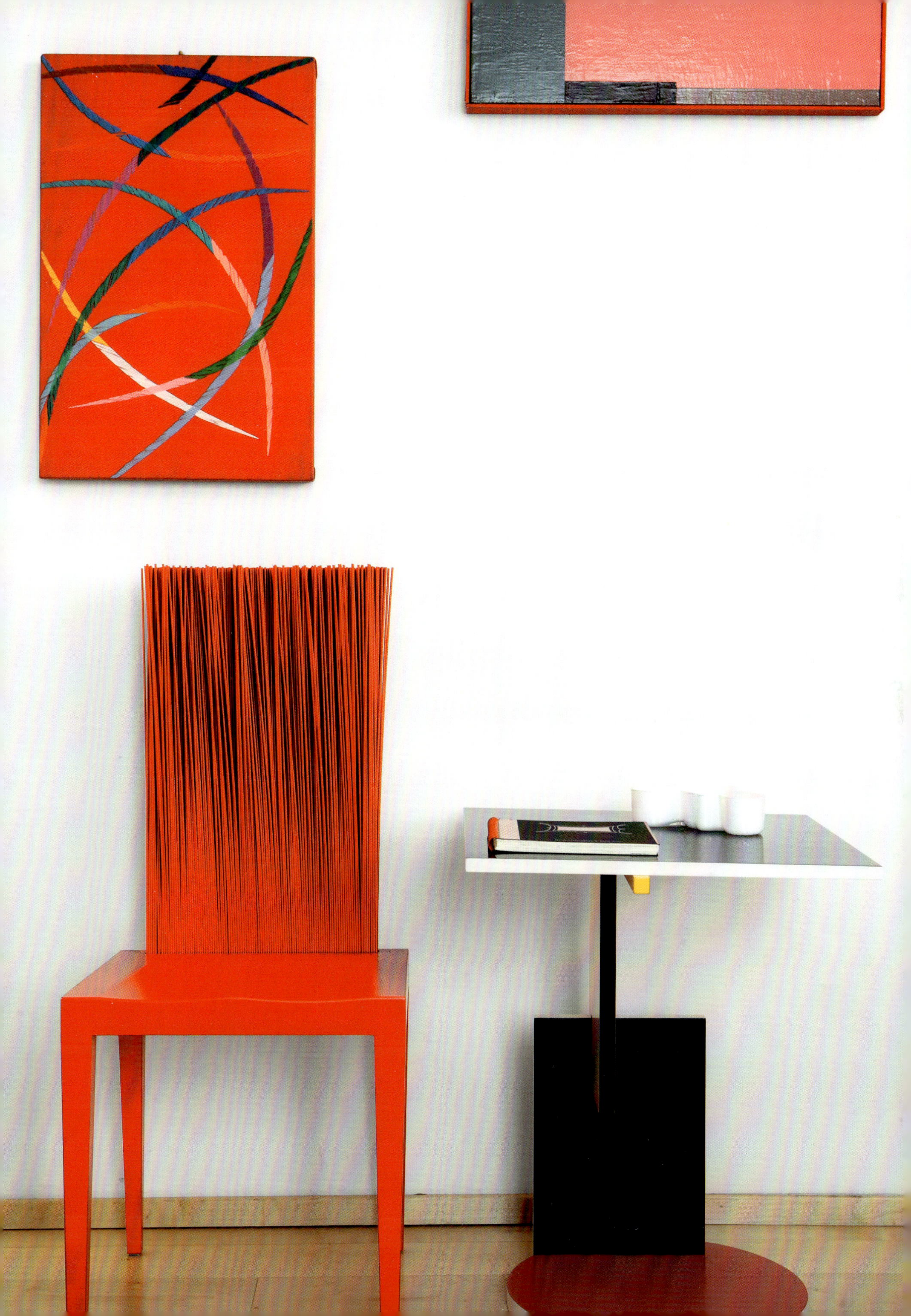

PURE ITALIANITÀ

Links: Im Frühstücksraum neben der Küche gruppieren sich vier „Superleggera"-Stühle von Gio Ponti um einen Tisch von Ettore Sottsass; daneben eine Stehleuchte der Castiglioni-Brüder.

Unten: Auch in der Küche gehen italienisches und nordisches Design eine harmonische Symbiose ein: Zum ‚schwebenden' Küchenblock mit Hochglanz-Fronten von Dada gesellen sich Birkenholztisch und -stühle des finnischen Altmeisters Alvar Aalto.

PURE ITALIANITÀ

Oben: Im Arbeitszimmer des Hausherrn steht ein Stuhl von Frank Lloyd Wright am Gianfranco-Frattini-Sekretär.

Links: Zwischen moderner Kunst hängt an der Wand ein Bild von Armellinis Jagdhund.

MEISTER DER MODERNE

„Kultur ist das verfeinerte
Verhalten und der verfeinerte
Umgang mit einer Sache."

MEISTER DER MODERNE

Eduard Neuenschwander

Ort: Gockhausen, Zürich
Gebäude: Einfamilienhaus
Baujahr: 1980
Wohnfläche: 207 m²

Eduard Neuenschwander ist einer der letzten Vertreter der Klassischen Moderne in der Schweiz. Der Biologe, Architekt, Archäologe und Künstler hat in den 1970er-Jahren bei Zürich eine außergewöhnliche und nachhaltige Siedlung gebaut, in der er bis heute selber lebt.

„Kultur ist das verfeinerte Verhalten und der verfeinerte Umgang mit einer Sache", sagt Eduard Neuenschwander. Ein Gespräch mit dem großen Zürcher Architekten kann einen verändern. Der Mann, der bei Alvar Aalto gearbeitet und in Zürich als einer der wichtigsten Vertreter der Klassischen Moderne gilt, fasst seine Philosophien, Gedanken und Erkenntnisse in klare Sätze, die einem die Dinge in ganz neuem Licht erscheinen lassen. Bereits der Weg zu seinem Atelier, das unmittelbar hinter seinem Wohnhaus in Gockhausen bei Zürich steht, bringt einem das Schaffen dieses Meisters moderner Architektur näher. Die Gebäude – Ateliers, Reihenhäuser, solitäre Wohnhäuser – sind in eine wilde Landschaft gebettet, die Wege dazwischen Trampelpfade. Das Grundstück zwischen Wohnhaus und Atelier erinnert an ein finnisches Wäldchen, und irgendwie hat man das Gefühl, die Bauten stünden hier schon viel länger als seit den 1970er-Jahren des vergangenen Jahrhunderts. Es herrscht eine große Harmonie zwischen Natur und Kultur, zwischen Vorhandenem und Gebautem. Man fühlt sich wohl. Hier hat einer gewirkt, der die Dinge ganzheitlich sieht.

Tatsächlich ist Eduard Neuenschwander in den verschiedensten Disziplinen zuhause. Ursprünglich hat er Botanik, Zoologie und Ökologie studiert. Nach seiner Ausbildung zum Architekten hat er in den 1940er-Jahren seine prägendsten zweieinhalb Jahre beim Altmeister der modernen Architektur, dem Finnen Alvar Aalto verbracht. Zurück in Zürich beschäftigte er sich intensiv mit Gegenwartsarchitektur, aber auch mit Kunst. Zusammen mit dem Künstler Gottfried Honegger gründete Eduard Neuenschwander in den 1950er-Jahren den Klub „Bel Etage", in welchem Avantgardisten wie Richard Paul Lohse, Max Bill oder Camille Gräser verkehrten. Mit einer weiteren Leidenschaft – derjenigen für Archäologie – rundet Eduard Neuenschwander

FOTOGRAFIE: DANIEL GERBER
PORTRÄT: BRUNO HELBLING

sein umfangreiches Spektrum ab. Für ihn sind die Disziplinen fließend; als Architekt wie als Biologe fühlt er sich verpflichtet, Rücksicht auf die Natur zu nehmen; renoviert er ein altes Gebäude, sind ebenso der Baumeister als auch der Archäologe in ihm gefragt; und in all seinen feinfühligen Arbeiten steckt immer auch der Künstler Neuenschwander. In Zürich hat er sich vor allem als Landschaftsgestalter des westlichen Irchelparks, als Architekt der Kantonsschule Rämibühl und als Erhalter mehrerer mittelalterlicher Wohnhäuser in der Altstadt einen Namen gemacht.

Eduard Neuenschwanders Verhältnis zur Geschichte wurde in Finnland geprägt, wo bereits in den 1940er-Jahren ein starkes Bewusstsein für den Erhalt von Kulturgütern herrschte. Das klassizistische Helsinki beispielsweise stand damals bereits unter Denkmalschutz. Neuenschwander befasste sich intensiv mit der Vergangenheit und mit Theorien zur Gegenwartskultur, die seine Zeit- und Weggenossen verfassten. Die Erhaltung alter Bausubstanz wurde ihm ein großes Anliegen. Gemäß Neuenschwander braucht der Mensch Tradition. Alte Dinge vermitteln Sicherheit, da sie so lange Bestand hatten. „Nostalgie" definiert er dementsprechend als „biologische Bedeutung der Tradition". Leider werde sie meist missverstanden, insbesondere im Zusammenhang mit dem Denkmalschutz. Mit einer eigens entwickelten Technik im Umgang mit Altbauten und seiner Stiftung Baukultur rettete er über die Jahre zahlreiche Gebäude und Anlagen, die bereits abgeschrieben waren, und bewies dabei, dass seine Lösungen wirtschaftlicher waren als Neubauten.

Alvar Aalto lehrte ihn zwei wichtige Dinge in der Architektur: das menschengerechte und das naturgerechte Bauen. Beides befolgte er in seinen Bauten in Gockhausen. Sein Ziel war, hier ein Zeichen der Moderne zu setzen. „Arealüberbauung" war das Stichwort der Stunde in den frühen 1970er-Jahren und das ließ den Architekten zu dieser Zeit „eine unglaubliche gestalterische Freiheit". Gemäß Neuenschwander bildet man als Architekt Biotope – Lebensräume – für Menschen. „Man darf in der Natur auch etwas zerstören", ist Neuenschwanders Philosophie, „denn man schafft eine neue Dynamik, neue Biotope." Auch für Pflanzen und Tiere. Statt Humus verwendete Neuenschwander rund um seine Häuser Bauschutt, aus welchem eine ganz neue Vegetation wächst. Aus dem Aushub ließ Neuenschwander kleine Hügel aufschütten, zwischen den Gebäuden wurden Bäume gepflanzt. Den Rest der Außengestaltung überließ er Mutter Natur. „In Finnland habe ich gelernt, dass das nahe Umfeld der Architektur nicht künstlich sein muss", erklärt er. Alle Gebäude im Gockhausener Areal haben verschiedene Außenräume: Das einstöckige Atelier ist um ein großzügiges Atrium mit Teich gebaut, die Reihenhäuser, die als flexibles Cluster-System konzipiert sind, besitzen sowohl kleine Innenhöfe als auch Hintergärten und sein eigenes Wohnhaus weist einen mit Steinstufen terrassierten Außenraum auf.

Letzteres ist ein Solitär, mit welchem der Architekt – wie in vielen seiner Bauten – Le Corbusier huldigt. Der für Neuenschwander „größte Plastiker in der Architektur" fasste das Dach als Skulptur auf, als Negativform gegenüber dem Raum. So schwingt sich auch Neuenschwanders Dach kühn gegen den Himmel und bringt viel Licht in die Zimmer darunter. Beton in all seinen Formen, geschlämmter Stein, gealtertes Holz und verschiedene Verputztechniken verleihen Neuenschwanders Haus Charakter. Die Verwendung von Farbe ist für ihn selbstverständlich. „In der heutigen Architektur gibt es keine Differenziertheit in der Farbgebung mehr", beklagt sich der Zürcher. „Weiß, Weiß, Weiß und dazwischen einzelne Wände in einem undifferenzierten Rot." Dabei hätten es die Vertreter der Klassischen Moderne so gut vorgemacht. Sie hatten laut Neuenschwander „ein unerhörtes

MEISTER DER MODERNE

Farbbewusstsein" und setzten Farben großzügig ein. Neuenschwanders Spezialität ist ein Silber-Bronze-Ton, der auch im eigenen Wohnzimmer zum Einsatz kommt. Wie Eduard Neuenschwander feststellt, fehlt heute vielen Menschen – und davon sind auch solche mit Verantwortung nicht ausgenommen – die Fähigkeit, komplex zu denken. Als Meister in so vielen Disziplinen hat er selbst diese Fertigkeit durch ein schaffensreiches Leben erworben.

Unten: Eduard Neuenschwanders Büro. Die großzügigen Fenster geben den Blick auf ein Atrium mit Teich und üppigem Pflanzenwuchs frei.

Oben: Die Büros in dem eingeschossigen Ateliergebäude teilt sich Eduard Neuenschwander heute mit seinem Sohn Matti Neuenschwander, ebenfalls Architekt.

MEISTER DER MODERNE

Oben: Material, Licht und Farbe sind Neuenschwanders
Arbeitswerkzeuge beim Erschaffen von Räumen.
Holzskulpturen des Schweizer Künstlers Natanel Gluska
zieren einen Korridor des Ateliers.

Rechts: Der Eingang zu Eduard Neuenschwanders
Wohnhaus, einem Solitär in der Gockhauser Siedlung.

MEISTER DER MODERNE

Links: Eduard Neuenschwanders Studierzimmer im Atelier birgt eine imposante Sammlung archäologischer Objekte und Kunst.

Unten: Verschmelzung von Natur und Kultur. Eduard Neuenschwanders Atelier ist das Herz der Siedlung bei Zürich. Aus dem Aushubmaterial hat der Architekt kleine Hügel um die Häuser aufschütten lassen; er hat Bäume gepflanzt und den Rest der Gestaltung Mutter Natur überlassen.

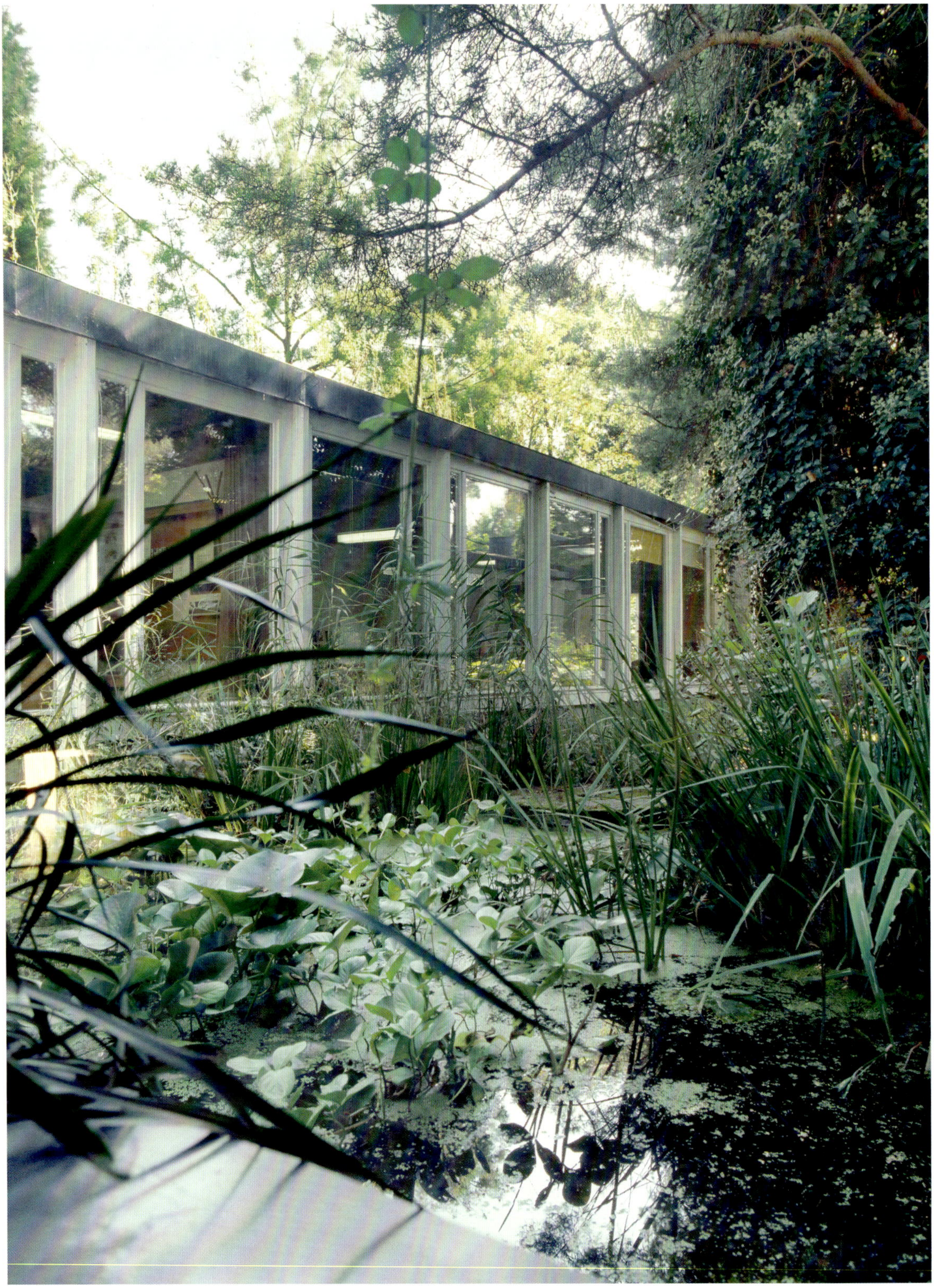

MEISTER DER MODERNE

In der ganzen Siedlung herrscht eine große Harmonie zwischen Natur und Gebautem.

Linke Seite: Das eingeschossige Atelier umschließt ein Atrium mit Teich. Die Feingestaltung hat Eduard Neuenschwander der Natur überlassen.

Ganz oben: Blick aus dem Garten in die Küche und das Esszimmer mit Tischgrill und großer Esse in der Mitte.

Oben: Der terrassierte Garten mit Teich und Pflasterung bietet interessante Biotope für Pflanzen und Tiere.

MEISTER DER MODERNE

Oben: Das geschwungene Betondach ist eine Hommage an Le Corbusier und die Moderne, schafft Großzügigkeit und versorgt die Wohnräume mit Licht von oben.
Die skulpturartige Treppe teilt das Erdgeschoss in Wohn- und Esszone.

Rechte Seite: Eduard Neuenschwander lebt in seinem eigenen Wohnzimmer die von der Moderne propagierte Materialsinnlichkeit – die Schönheit und Ehrlichkeit roher Materialien. Dazu kommt eine beeindruckende Sammlung an Kunstobjekten.

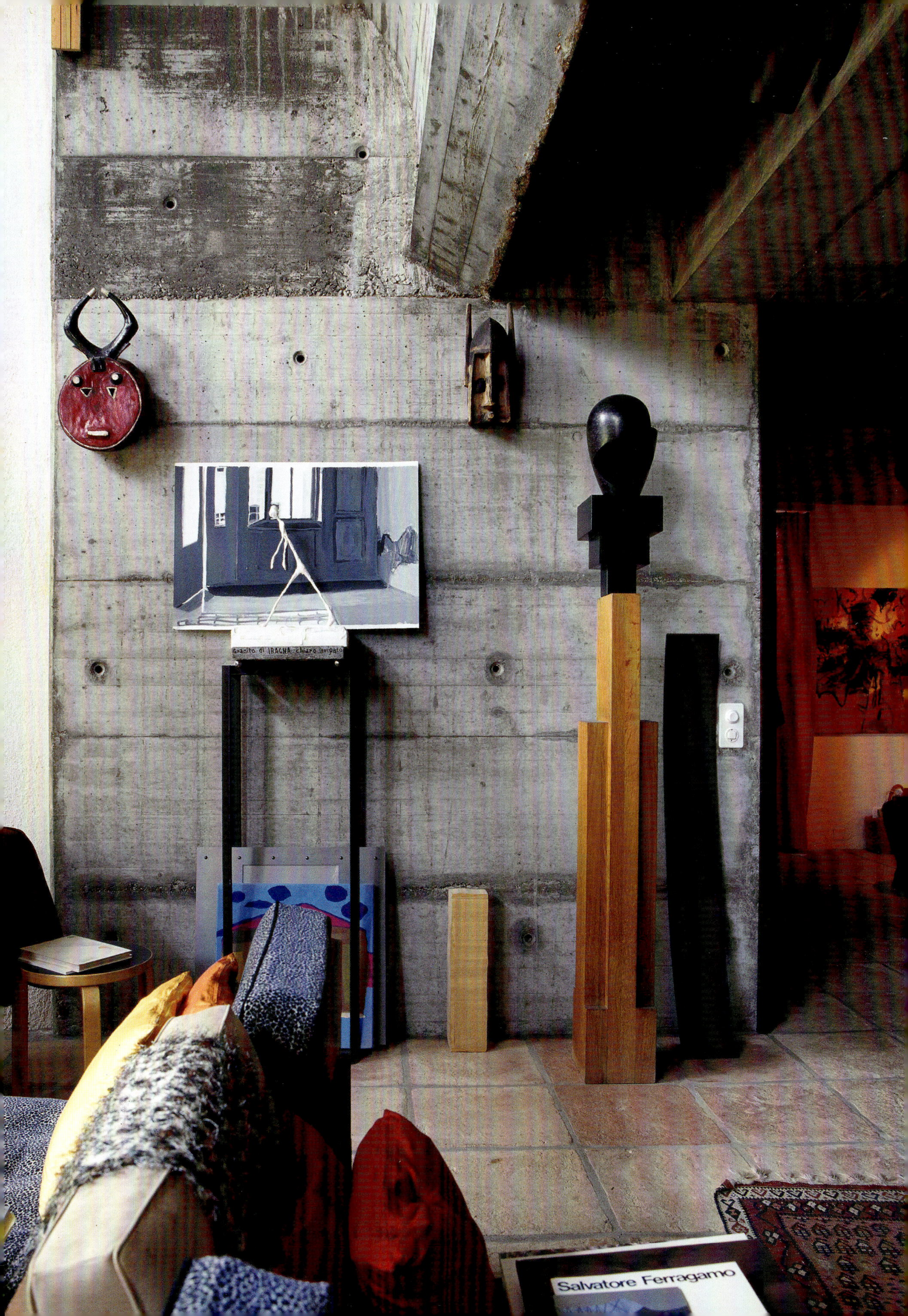
Granito di IRAGNA chiaro levigato
Salvatore Ferragamo

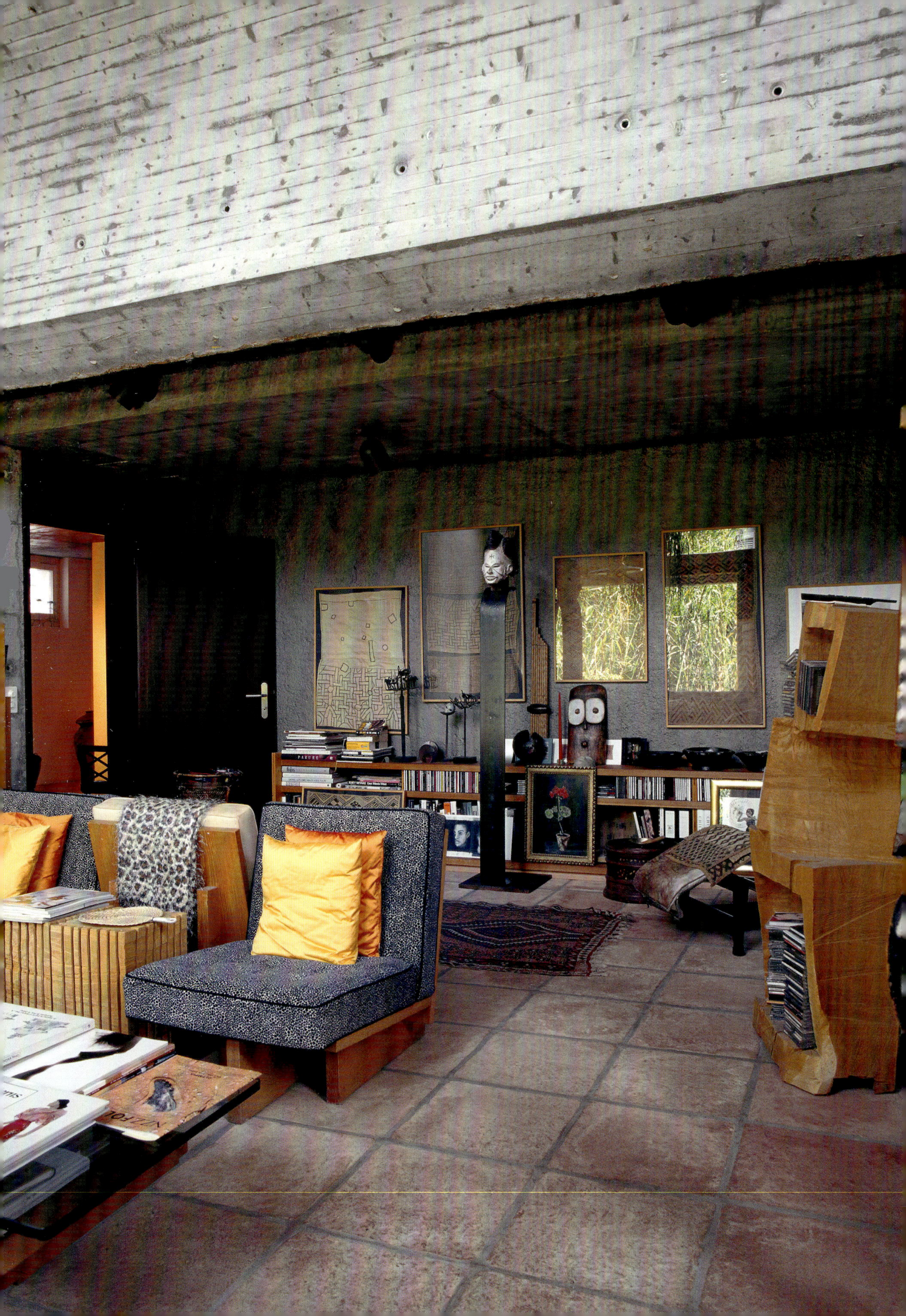

MEISTER DER MODERNE

Linke Seite: Das Wohnzimmer in Eduard Neuenschwanders Haus beherbergt Kunstobjekte aus der ganzen Welt. Die hintere Wand ist in seiner Spezialfarbe Silber-Bronze gestrichen. Die skulpturalen Holzmöbel stammen von seinem Künstlerfreund Natanel Gluska.

Oben: Die Teeküche in Eduard Neuenschwanders Atelier ist in einem tiefen Blau gestrichen, das entspannend wirkt. Wie für die meisten Vertreter der Moderne sind auch für Neuenschwander Farben ein wichtiges Arbeitsinstrument.

Rechts: Dank dem hochgeschwungenen Dach fällt viel Licht in die Wohnräume. Auf dem Sims eine Sammlung von Körben von den Philippinen.

SIMPLICITÀ!

„Einfachheit hat nichts mit
Minimalismus zu tun, sondern
mit Respekt und der
Leidenschaft für eine Sache."

SIMPLICITÀ!

Yvan Mangili

**Ort: Altstetten, Zürich
Gebäude: Mehrfamilienhaus
Baujahr: 2003
Wohnfläche: 112 m²**

In seiner Zürcher Wohnung zollt Yvan Mangili Kunst und Design der Moderne in einem würdigen, schlichten Rahmen seinen Respekt. Nicht nur den Stil, sondern auch die Kunst des Weglassens hat er von den großen Meistern gelernt.

Dinge einfach zu halten, sei wohl die schwierigste Sache der Welt, ließ einst Vico Magistretti, einer der großen italienischen Architekten und Designer des 20. Jahrhunderts, verlauten. Wie sein Vorbild strebt auch Yvan Mangili seit Jahren nach Einfachheit in allen Dingen, dem Weglassen alles Unnötigen und nur Schmückenden. „Das hat nichts mit Minimalismus zu tun", präzisiert der schweizerisch-italienische Doppelbürger mit Wohnsitz Zürich, „sondern mit Respekt und Leidenschaft für die Sache." Sei dies bei der Einrichtung, dem Kleidungsstil oder im Umgang mit anderen Menschen, er schätzt Qualität, Tradition und bewusstes Handeln bei allem, was er tut.

Aufgewachsen ist der 45-Jährige in einer Familie, die in ihrem Zuhause in Lugano den Stil der italienischen Moderne pflegte. „Meine Eltern hatten diese wunderbaren Möbel und Leuchten von Magistretti, allerdings in der für jene Zeit typischen Farbigkeit", erzählt Mangili. In seiner ersten eigenen Wohnung in Mailand wandte er sich erst einmal von der Moderne ab und richtete sich mit den Antiquitäten seiner Großmutter ein. Über die Jahre änderte er seinen Einrichtungsstil immer wieder. Eine Zeitlang richtete er sich „sehr italienisch" mit den Möbeln der Traditionsfirma De Padova ein. In Amerika entdeckte er die Schichtholzmöbel von Eames und Co. und verliebte sich in die amerikanische Moderne, welche er fortan in seinem Zuhause lebte. „Irgendwann war mir der Stil aber dann zu omnipräsent", erzählt Mangili, und nach einer völlig weißen Phase wandte er sich dem Thema ‚schwarz' zu. Aktueller Lieblingsdesigner ist der in den 1920er-Jahren nach Amerika emigrierte Finne Eero Saarinen, dessen Tulpen-Tisch und -Stühle zu den beliebtesten Klassikern des Mid-Century modern zählen.

Nach seinem Studium und ersten Arbeitserfahrungen in Mailand brachte sein Beruf Yvan

FOTOGRAFIE: SABRINA ROTHE

Mangili für längere Aufenthalte nach New York, Paris und Boulder, Colorado. Seit 1997 lebt er in Zürich, seit einigen Jahren in einem von Ladner Meier Architekten entworfenen Mehrfamilienhaus im Stadtteil Altstetten. Das in Architekturkreisen viel beachtete Haus ist eine veritable Ode an den Baustoff Beton. Grün, Grau und Weiß sind die tonangebenden Farben. Wie ein geschliffener Stein mit bündig eingelassenen Glasflächen erhebt sich das elegante Gebäude über dem kreisrunden Platz. Der grünlich eingefärbte Beton verbündet sich während der warmen Jahreszeit mit dem Blattwerk der Bäume und belebt mit seinen Farben den Platz im Winter, wenn rundum alles trist und grau ist. Das Farbkonzept für die Innenräume ließen die Architekten von der Zürcher Künstlerin Ursula Steinacher gestalten. Sie verpasste den hellen Räumen einen dunkelgrünen Kunstharzboden sowie grasgrüne Bäder.

In Yvan Mangilis Wohnung im zweiten Stock fügen sich die Räume rund um das zentrale Treppenhaus zu einer ringförmigen ‚Promenade architecturale'. Auf der einen Seite befindet sich der große, offene Ess- und Kochbereich mit einer Küchenzeile vor dem riesigen Fenster, welches auf den Farbhof-Platz geht. Von dort können Passanten dem Bewohner ungeniert beim Kochen zusehen. „Die Offenheit hier ist extrem", meint dieser, „doch man gewöhnt sich daran." Die zweite Wohnungshälfte besteht aus dem Wohn- sowie dem Schlafzimmer, deren Fenster zur ruhigeren Gartenseite hin orientiert sind. Verbunden sind die beiden Wohnsphären durch den Eingangsbereich und auf der anderen Seite durch das Badezimmer, das als Glied zwischen Küche und Schlafzimmer dient.

Die Einrichtung ist aufs Wesentliche reduziert, sodass jedem Objekt gleich viel Bedeutung zukommt. Fast ehrfürchtig betrachtet der Besucher die Möbel und Kunstwerke, denen in dieser Umgebung etwas Exklusives anhaftet. „Stil hat mit Raffinesse zu tun, nicht mit Geld", wendet Mangili ein. „In meiner Wohnung gibt es auch Ikea." Sagt's und zeigt auf ein schickes Sideboard in seinem Schlafzimmer, das man eher einer italienischen Designmanufaktur als dem schwedischen Möbelriesen zugeordnet hätte. Den einfachen Plaids andererseits merkt man die edle Herkunft erst an, wenn man sie in Händen hält. „Feinstes Kaschmir," erklärt Yvan Mangili, „aus dem Hause Hermès. Das hat nichts mit Markenfetischismus zu tun, sondern damit, dass Hermès ein Traditionsunternehmen ist, das nach wie vor auf beste Qualität und Handwerk setzt."

Die Wände zieren wenige ausgewählte Objekte und Zeichnungen im Stil der Minimal Art. Zusammen mit den schlichten Designermöbeln und den von jeglicher Zierde befreiten Räumen entstehen eigentliche Vexierbilder; der Minimalismus ist hier nicht auf einen Bilderrahmen begrenzt, sondern scheint sich im Raum fortzusetzen. Yvan Mangili hat – so scheint's – das Wohnen zur Kunstform erklärt.

Das Äussere des Gebäudes besticht mit einer schlichten Fassade aus grün eingefärbtem Beton und bündig eingelassenen, grossen Fenstern.

Oben: Der großzügige Hauptraum der Wohnung dient als Küche und Essbereich. Das riesige rahmenlose Fenster über der Küchenzeile geht auf den urbanen Farbhof-Platz. Die Küche mit Chromstahlarbeitsflächen ist ein Entwurf der Architekten. Stühle und Esstisch „Tulip" von Eero Saarinen hat der Bewohner in schwarzer Ausführung gewählt. Der Boden ist ein dunkelgrün gefärbtes Kunstharz.

Unten: Ein Fenster zwischen Küche und Badezimmer versorgt letzteres mit Tageslicht.

SIMPLICITÀ!

SIMPLICITÀ!

Links: Der Bewohner schätzt ein schön gemachtes Bett und mit Kölnisch Wasser 4711 beduftete Wäsche. Die Nachttischleuchten sind Originale aus den 1970er-Jahren, welche Yvan Mangili umfärben ließ.

Unten links: In der schwarzen Nische zwischen Wohn- und Schlafzimmer hängt ein Kunstwerk des italienischen Künstlers und Architekten Marcello Morandini. Das weiße Sideboard stammt von Ikea.

Unten rechts: Als grüne Kernzelle liegt das Badezimmer in der Mitte der Wohnung. Das Farbkonzept für das Haus stammt von der Zürcher Künstlerin Ursula Steinacher.

Die Schönheit der Dinge entfaltet sich im minimalen Interieur perfekt.

SIMPLICITÀ!

Links oben: Der Schirm der aus dem Jahre 1968 stammenden Leuchte „Cobra" lässt sich um 180 Grad drehen. Daneben liegt ein Messingkunstspielzeug aus der Fondation Beyeler.

Links unten: Wie ein grafisches Element sticht die schwarze Wand in dem ansonsten weiß gehaltenen Wohnzimmer heraus. Das minimalistische Bild stammt von dem deutschen Künstler Timm Ulrichs.

Oben: Auf einem karamelfarbenen Metallregal des Schweizer Möbelherstellers USM steht wohlsortiert das Geschirr bereit.

HIGHLAND & HIGHTECH

„Im Haus herrscht eine Atmosphäre der Ruhe – auch dank dem Ausbau mit seinen einfachen Materialien und dem vielen versteckten Stauraum."

HIGHLAND & HIGHTECH

Dominic Houlder

Ort: Boreraig, Glendale, Isle of Skye
Gebäude: Bungalow
Baujahr: 2011
Wohnfläche: 200 m²

Ein Platz, um zur Ruhe zu finden: Auf der Isle of Skye, der größten Insel der Inneren Hebriden, hat das schottische Büro Dualchas Building Design einen Rückzugsort für einen buddhistischen Hausherrn entworfen. Aufgespalten in drei niedrige Wohneinheiten, passt sich das graue Ensemble perfekt in die Umgebung ein. Mit den Baumaterialien Holz und Stein nimmt es zwei Naturelemente auf. In einer Bucht des Geländes wurde ein Teich angelegt, der die meditative Stille der rauen Landschaft vertieft.

Ruhe und Zeit, Weite und Natur – die wahren Luxusgüter der westlichen Gesellschaft des 21. Jahrhunderts sind in Boreraig zuhause. Der kleine Ort liegt am westlichen Ende der schottischen Atlantikinsel Isle of Skye. Von hier aus lässt sich übers Meer hinweg ein Blick auf die Äußeren Hebriden werfen. Für Dominic Houlder ist Boreraig Kindheitsland. Hier hat er früher seine Sommerferien verbracht, und hier verbringt er nun wieder seine freien Tage und Wochen, weit weg vom Karriereort London. Houlder, außerordentlicher Professor für Strategisches Management an der London Business School, gehört zu den führenden europäischen Experten im Bereich B2B und Unternehmensberatung. Er ist der Mann, der weiß, wie Firmen ihre ‚Midlife Crisis' elegant umschiffen. Und er ist, seit seinem Studium an der kalifornischen Stanford University, praktizierender Buddhist. Den Glauben an einen goldenen Weg zwischen östlicher Weisheit und westlicher Wohlstandsmaximierung hat er mit Ko-Autor Kulananda in Worte gefasst: „Mindfulness and Money – The Buddhist Path to Abundance", heißt ihr gemeinsames Buch.

Eine romantische, vorgefertigte weiße Landhaus-Kate im Rosamunde Pilcher-Stil – diese Option hat der Mann mit dem intensiven Blick unter den markanten dunklen Augenbrauen nie in Betracht gezogen für sein schottisches ‚Countryhouse' auf dem 4000-Quadratmeter-Grundstück. Er beauftragte das auf der Insel ansässige und weit darüber hinaus bekannte Architekturbüro der Brüder Neil und Alasdair Stephen Dualchas, zu deren Team seit 1999 auch Mary Arnold-Forster gehört.

FOTOGRAFIE: ANDREW LEE
TEXT: RUTH HÄNDLER

HIGHLAND & HIGHTECH

Dualchas Architects steht für die zeitgemäße Wiederbelebung und Neuinterpretation des historischen schottischen Langhauses aus Stein, Holz und Torf, in dem das offene Feuer im Wohnraum einst den Mittelpunkt bildete. „Für viele Leute hier ist das Blackhouse ein Symbol des Gestrigen und der Armut und kaum mehr als ein Schutzraum", erklären die Architekten. „Für uns ist es das Wunderwerk eines Zweckbaus unter fürchterlichen wirtschaftlichen und sozialen Bedingungen und eine Inspiration für eine moderne Highland-Architektur."

Diese Zukunft der Vergangenheit haben sie auf Dominic Houlders einsamen Grundstück verwirklicht, wo man keine Nachbarn sieht und nur das Meer ein wildes Gegenüber darstellt. Und damit haben die schottischen Baumeister ins Schwarze getroffen. Bei den Architektur-Jurys kam die Kombination von Highland und Hightech hervorragend an: Kaum errichtet, wurde das Ferienhaus in Boreraig mit Auszeichnungen überschüttet, die beweisen, dass man auch in der schottischen Architekturszene die wertvollen Seiten der Tradition zu schätzen lernt.

Um das Volumen klein zu halten und in das oft windgepeitschte Gelände zu schmiegen, ist der Bau in drei eingeschossige Häuser aufgeteilt: Ein breiteres und ein schmaleres Langhaus

Oben: Wenn das Ferienhaus unbewohnt ist oder wenn schwere Stürme toben, werden die Schiebeläden in der Fassade aus sibirischer Lärche geschlossen. Dann wirken die beiden versetzt angeordneten Gebäude hinter der Trockensteinmauer wie ein Stallkomplex, der einfach zur Landschaft gehört.

Rechte Seite: Der Verbindungsgang zwischen den Zwillingsgebäuden öffnet sich zur Südseite mit einer Panoramascheibe. Wie in den anderen Räumen überspannen auch hier Paneele aus hellem Eichenholz Wände und Decke. Der Boden trägt den einheitlichen dunkelgrauen Schieferbelag des schottischen Caithness Stone.

HIGHLAND & HIGHTECH

bilden mit einem Zwischentrakt das Hauptgebäude. Dazu gesellt sich ein kleineres drittes Haus, in dem die Heizungstechnik in Form einer Wärmepumpe, die Holzvorräte und ein Fitnessraum untergebracht sind.

Man betritt das Wohnhaus von Norden durch den Verbindungsbau. An seinem südlichen Ende ist der Flachdachkorridor zwischen Wohntrakt und Schlaftrakt mit einem großen quadratischen Fenster in die Landschaft geöffnet. Wie in den historischen schottischen Highland-Häusern gibt es den großen offenen All-Raum, der die ganze Länge des Gebäudes einnimmt. Und wie in diesen stehen Feuer und Kochen im Zentrum, hier als zwei Raumteiler mit dem Kamin und dem Küchenblock, die wie kantige Skulpturen eingestellt sind. Dunkelgrauer Schiefer, der heimische schottische Caithness Stone, erdet und verbindet alle Bereiche des Hauses. Die Fußbodenheizung darunter gehört ebenso zum wohligen Komfort des Ferienhauses in der rauen Umgebung wie die Dreifachverglasung der großzügigen Fensterflächen.

Die Wände und die Decken überspannen Paneele aus Eichenholz-Sperrplatten. Das Mobiliar ist reduziert auf ganz wenige Designstücke und den großen Esstisch vom örtlichen Schreiner – dieser Minimalismus trägt zur fast sakralen Anmutung des zeltartigen Hauptraumes bei.

Alles Kleinteilige, Zerstreuende, ob Geschirr, Gläser oder Bücher, ist in den Einbauschränken dem Blick entzogen. Konzentration auf das wenige Wesentliche, kein Durcheinander – das ist dem Buddhisten Dominic Houlder wichtig, wenn er in Boreraig ist. Schließlich läuft draußen, vor den Panoramafenstern, genug Programm. Noch bevor sie mit den Architekten ins Gespräch kamen, wussten Dominic Houlder und sein Partner Lukas Kroulik bereits, dass sie den trockengelegten Teich auf dem Grundstück wieder aktivieren würden. Vom Wohnraum aus beobachten sie nun die Seevögel, die sich an der Wasserstelle sammeln. Wenn schwere Stürme toben oder wenn das Haus leer steht, schließen Schiebeläden die Fassadenöffnungen. Das Feriendomizil mit seinem grauen Aluminiumdach, seiner Lärchenholzverkleidung auf der hoch isolierten Metallkonstruktion, den diskreten Terrassen seiner Holzdecks wirkt dann wie ein Stallgebäude: eingebettet in Trockensteinmauern, die hier seit Jahrhunderten den Übergang von der Natur zum Menschenwerk symbolisieren.

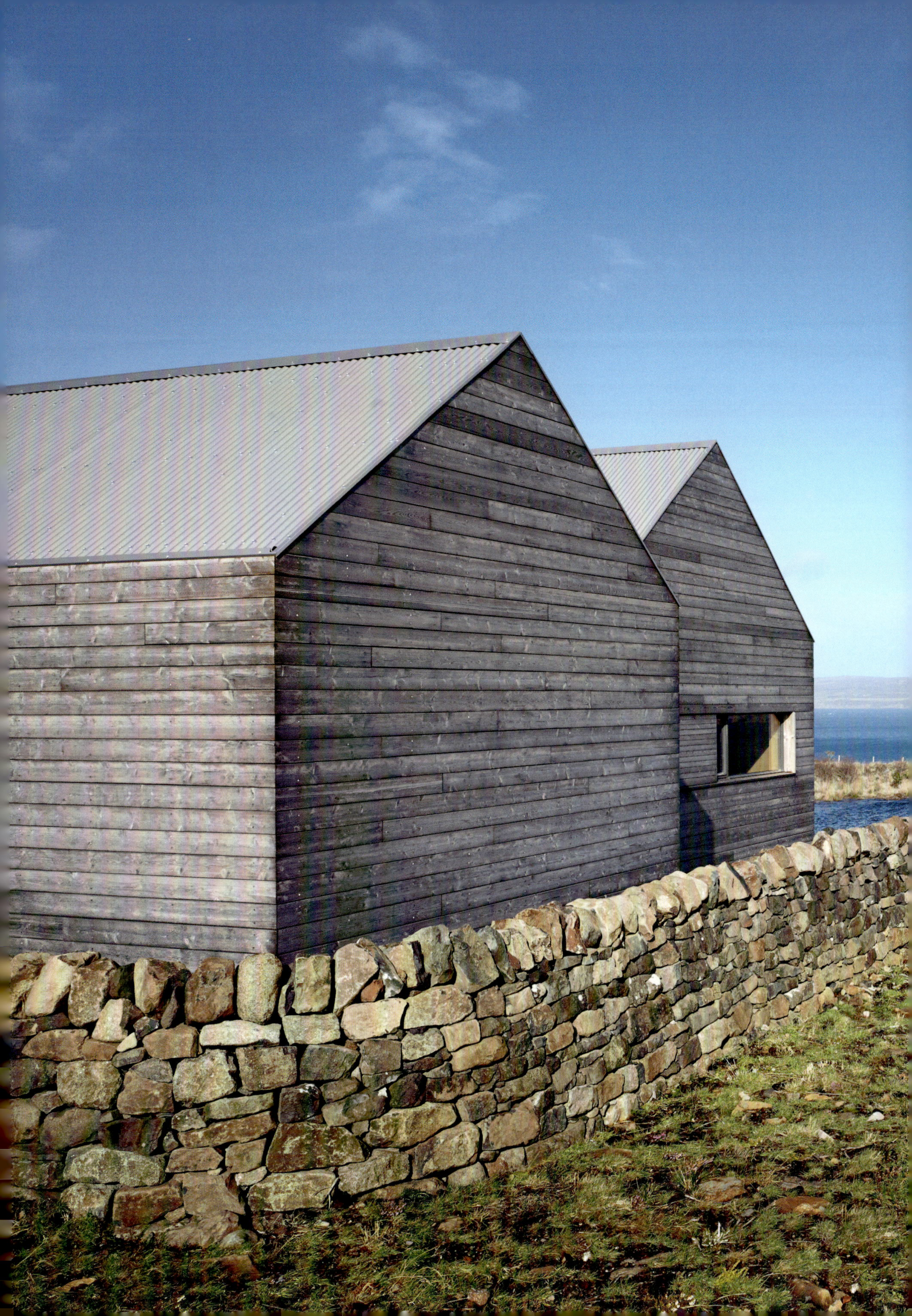

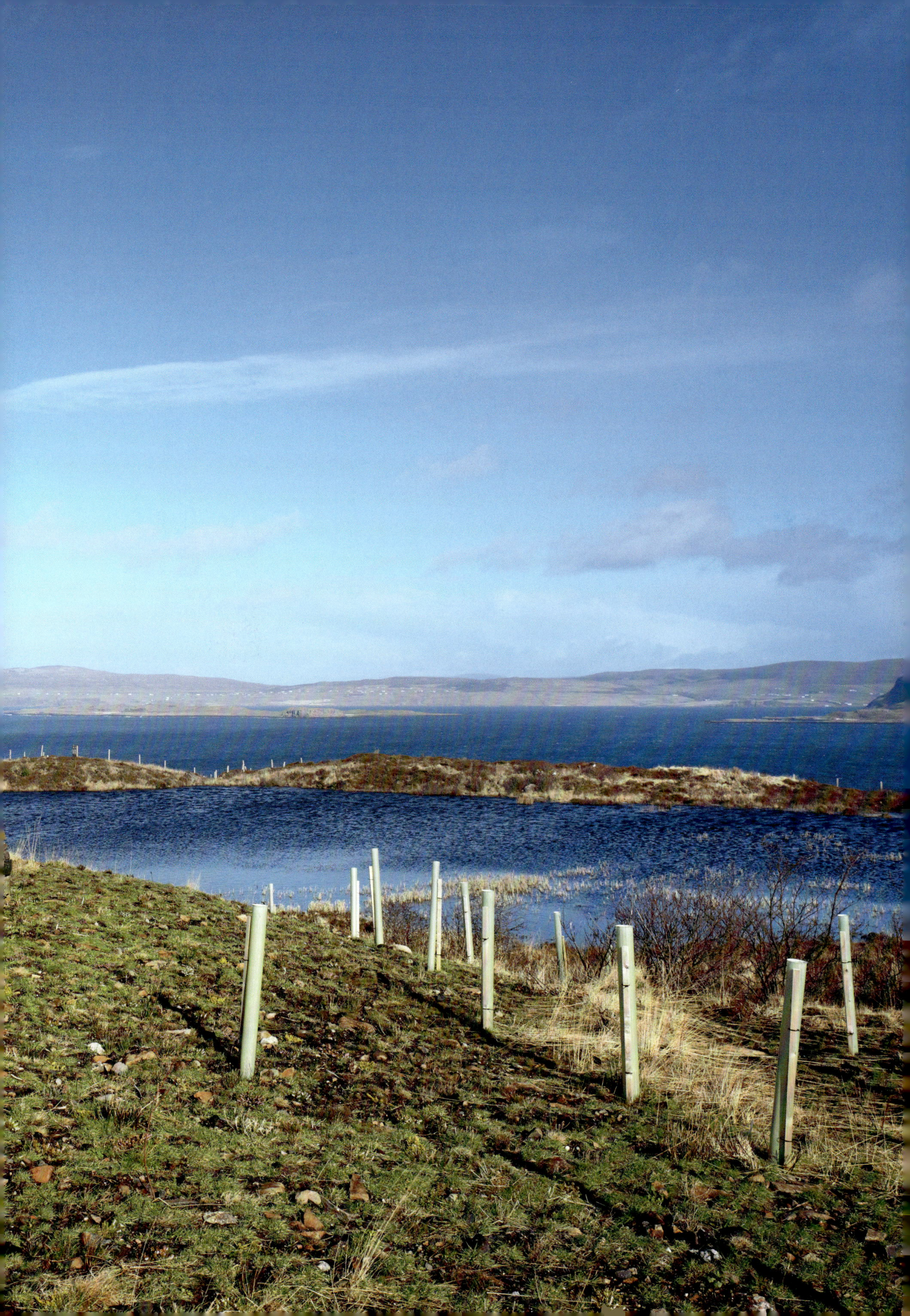

Der schlichte Ausbau und die spärliche Möblierung schaffen eine fast sakrale Stimmung.

Vorhergehende Doppelseite: Highland-Architektur, modern: Die heutige Version des „Blackhouse" aus dem ortsansässigen Büro Dualchas Architects hat statt der traditionellen Stroh-und-Torf-Eindeckung ein Dach aus Aluminium.

Oben: Der offene Raum mit Esstisch und Küchenblock nimmt das größere der beiden Langhäuser ein. Vor den gläsernen Schiebetüren liegt das hölzerne Terrassendeck.

HIGHLAND & HIGHTECH

Links: Die beiden Schlafzimmer im kleineren Langhaus strahlen jene Ruhe und Konzentration auf das Wesentliche aus, die dem buddhistischen Hausherrn wichtig ist.

Unten: Vom Wohnraum aus genießen die Hausbewohner den Blick auf den Teich des Grundstücks und aufs Meer.

KULTUR PUR

„Genua ist nicht für einen bestimmten Stil, sondern für seinen Mix unterschiedlichster Architekturen berühmt."

KULTUR PUR

Lorenzo Bagnara

Ort: Centro Storico, Genua
Gebäude: Palast
Baujahr: 1552
Wohnfläche: 200 m²

Niemand kennt die Stadt Genua besser als ihr wohl größter Fan, der Kunsthistoriker und Concept-Store-Inhaber Lorenzo Bagnara. Über den Palazzo Campanella an der Prunkmeile Via Garibaldi hat er nicht nur eine Arbeit geschrieben, seit ein paar Jahren wohnt er mit seiner Familie auch darin und führt in den prachtvollen Hallen ein Designgeschäft.

Ein Besuch im Genueser Design Concept Store Via Garibaldi 12 kommt einer Zeitreise durch 500 Jahre italienische Kunstgeschichte gleich. 2001 öffnete das Geschäft im ehrwürdigen Palazzo Campanella an Genuas berühmter Renaissance-Prachtmeile seine Tore. Die noblen Säle – im 16. Jahrhundert das nicht gerade bescheidene Zuhause von durch Handel und die Schifffahrt reich gewordenen Familien – bieten heute den eindrücklichen Hintergrund für die modernen Möbelklassiker und das zeitgenössische italienische Design, auf welches sich die Inhaberfamilie Bagnara spezialisiert hat.

Lorenzo Bagnara, der im Genueser Hinterland aufgewachsen ist, hat sich erst während seines Studiums der Kunstgeschichte in die schroffe Schönheit seiner Stadt verliebt. „Ich besuchte damals einen Kurs über die Bewahrung von kulturellem Erbe", erzählt er. „Unsere Lehrer führten uns durch Genuas historisches Zentrum und zeigten uns seine verborgenen Schönheiten und Eigenarten." Anders als viele italienische Städte sei Genua nicht für einen bestimmten Baustil berühmt, weiß der Kunsthistoriker, die Stadt bestehe vielmehr aus unterschiedlichen Schichten, die bis heute sichtbar geblieben sind. „An die mittelalterliche Altstadt etwa schmiegt sich fantastische Renaissance-Architektur, und dazwischen finden sich Baujuwelen aus der Klassischen Moderne – das Ganze ergibt eine einmalige Mischung."

Im 20. Jahrhundert verlor die Hauptstadt Liguriens, welche in ihrer Blütezeit im 16. und 17. Jahrhundert eine der reichsten Städte der Welt gewesen war, ihre Bedeutung als Handelsplatz. Auch als Touristenattraktion stand sie stets im Schatten ihrer beliebteren Schwestern wie Rom, Florenz oder Venedig. Erst in jüngster Zeit haben die Stadtväter begonnen, das schlum-

FOTOGRAFIE: MARTIN GUGGISBERG

mernde Potenzial der historischen Hafenstadt zu erkennen. Den Ausschlag dazu gaben 1992 die 500-Jahr-Feierlichkeiten der Entdeckung Amerikas durch den Genuesen Christoph Kolumbus, zu deren Anlass Teile des alten Hafens und der Altstadt renoviert wurden. Zur selben Zeit wurde auch die Via Garibaldi in eine edle Fußgängerzone verwandelt und ein Teil ihrer beeindruckenden Renaissance-Paläste öffentlich zugänglich gemacht. Die Prachtstraße war im 16. Jahrhundert von dem Architekten Galeazzo Alessi geplant worden und diente den zahlreichen Händlern, welche in kurzer Zeit zu Reichtum gekommen waren und der Enge der mittelalterlichen Altstadt entfliehen wollten, als neues Zuhause. Einer der größten und berühmtesten Bewunderer dieser Privatpaläste wurde übrigens der flämische Maler Rubens, der sieben Jahre lang in Genua residierte und die Via Garibaldi zur schönsten Straße der Welt erklärte.

Nach langen Jahren des Dornröschenschlafs ist Genua heute wieder in Bewegung. Eine junge Generation hat sich daran gemacht, alte Gebäude, Geschäfte und Restaurants mit frischen Konzepten wiederzubeleben und mit Respekt vor der Geschichte in die Neuzeit zu holen. Auch Lorenzeo Bagnara gehört dazu. „Für mich begann die Wandlung Genuas 2004, als die Stadt europäische Kulturhauptstadt wurde", sagt er. Er selbst kennt die Stadt wie seine Westentasche, ist Mitglied des renommierten Klubs Circolo Artistico Tunnel, verkehrt sowohl mit den ehrbaren Handelsfamilien, die in Genua immer noch Macht haben, als auch mit der Subkultur, welche die Stadt mit frischem Esprit und neuer Energie versorgt.

Lorenzo Bagnaras Großvater eröffnete 1939 in Busalla, einer Kleinstadt unweit von Genua, eine Eisenwarenhandlung, die vor allem nach dem Zweiten Weltkrieg zu florieren begann. Über die Jahre führten Lorenzos Großvater und Vater auch Haushaltprodukte und Möbel ein, welche sich zum immer wichtigeren Geschäftsfeld entwickelten. In den 1990er-Jahren eröffneten Lorenzos Eltern in Busalla einen zweiten Laden, der sich auf Design spezialisierte und Kunden aus der Region und sogar aus Genua anlockte. „Es war ein logischer Schritt, das nächste Geschäft in der Stadt selbst zu eröffnen", sagt Bagnara. „Drei Jahre lang suchten wir nach einer geeigneten Lokalität, bevor wir dieses Kleinod an der Via Garibaldi entdeckten." Eine Schiffsagentur hatte die Räume in den 1950er-Jahren zu Büros degradiert. Nach intensiven Verkaufsverhandlungen konnte die Familie Bagnara 2001 hier schließlich ihren außergewöhnlichen Concept Store eröffnen.

Für Lorenzo war immer klar gewesen, dass er das Familienunternehmen eines Tages übernehmen würde. Seit er 14 Jahre alt war, arbeitet er im elterlichen Geschäft mit. Als vor wenigen Jahren im Palazzo Campanella auch noch eine Wohnung frei wurde, griff er zu und zog mit seiner Frau Francesca 2009 in die Räumlichkeiten oberhalb des Geschäfts ein. Diese Etage war – anders als die darunterliegende – im Zweiten Weltkrieg zerstört worden und hatte viel von ihrer Originalstruktur verloren. Die Mischung aus stattlichen Proportionen und dem Minimalismus der 1950er-Jahre, während denen der Palast saniert wurde, passt jedoch perfekt zu Lorenzo und Francescas Stil. Die hohen Wände des riesigen zentralen Wohnraums mit seinen Balkonen auf die Via Garibaldi ziert eine bunte Sammlung von Architekturzeichnungen und –bildern; das Mobiliar ist eine eklektische Mischung aus Vintage-Stücken und zeitgenössischem italienischem Design. Im hinteren Bereich ist in den 1950er-Jahren ein Zwischengeschoss eingezogen worden. Hier befinden sich Küche und Bad im unteren, das Schlafzimmer im oberen Teil. Kurioses Detail: Das Fenster des Schlafzimmers führt nicht etwa nach draußen, sondern ins überhohe Esszimmer.

Die ungewöhnlichen Räume im Herzen Genuas mit ihrem einmaligen Mix aus historischen und

KULTUR PUR

modernen Elementen bildet das perfekte Labor für Lorenzos Designexperimente. Ob es sich dabei um den Bau einer Küche aus den Büfetttüren einer alten Bar, eine Sammlung von Phrenologie-Köpfen oder die Dekoration des Esstisches mit alten Rechnungen handelt, Lorenzo liebt das Unerwartete und Unkonventionelle. Das Geschäft seiner Eltern hat er nicht nur ins digitale Zeitalter gehievt, jedes Jahr kommen auch neue, innovative Brands dazu. Als Inspirationsquelle dient ihm dabei Genua, eine Stadt, die ebenso wie er selbstständig in Bewegung ist und sich immer wieder neuerfindet.

Oben: Blick vom Balkon auf die Via Garibaldi, welche seit 2006 zum UNESCO Weltkulturerbe zählt. Das Gebäude mit der blauen Fassade ist der Palazzo Podestà aus dem Jahre 1563, Genuas Goldenem Zeitalter.

Oben: Das Schlafzimmer befindet sich auf einem Splitlevel, sodass man durch sein Fenster ins Esszimmer blickt. Als Esstisch dient ein alter Konferenztisch. Die Art-déco-Kommode gehörte Lorenzos Großvater.

Links: Blick vom Ess- ins Wohnzimmer der Gästewohnung. Das Gemälde stammt von dem japanischen Künstler Shu Takahashi.

Rechte Seite: Das riesige Wohnzimmer ist von der Nüchternheit der Nachkriegszeit geprägt, denn es musste nach einem Bombenangriff von 1942 wieder aufgebaut werden. Die Bewohner haben den Raum in verschiedene Wohn- und Arbeitszonen unterteilt. Die Wände zieren Lorenzos Sammlung von Architekturbildern und –zeichnungen.

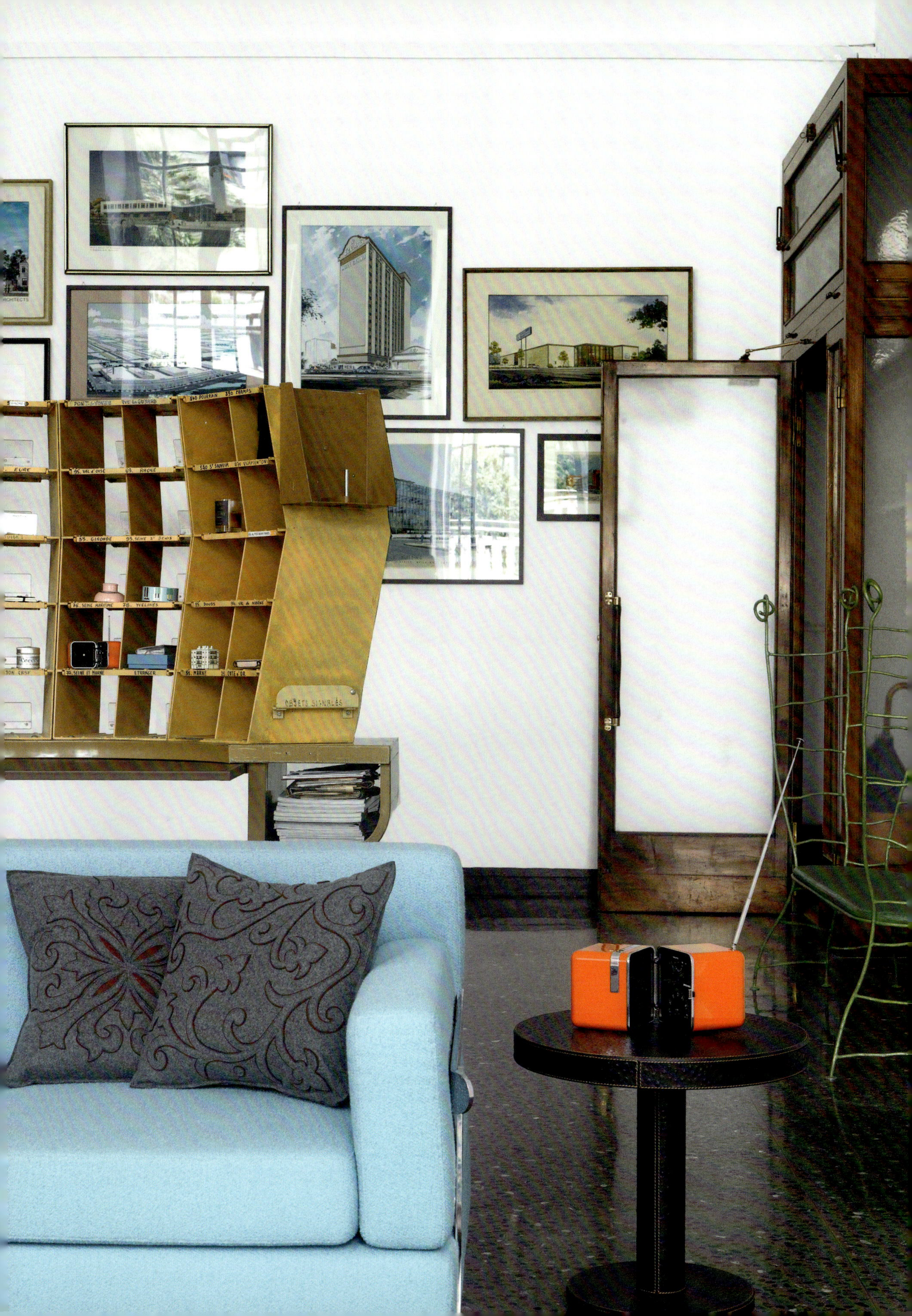

Oben: Im Wohnzimmer der Gästewohnung wird die edle Renaissance-Architektur mit zeitgenössischem Möbeldesign aus Italien ergänzt. Der runde Spiegel ist eine Arbeit des Künstlers Herve Van der Straeten.

Links: Die Küche hat Lorenzo Bagnara aus den Teilen eines einfachen Küchenmodells und dem Tresen aus einer alten Genueser Bar selbst zusammengeschustert. Der rote Terrazzoboden stammt aus den 1950er-Jahren, als dieser Teil des Gebäudes saniert wurde.

Rechte Seite: Der Sitzungstisch der Schiffsagentur, die früher hier ihre Büros hatte, dient heute als Esstisch. Unter die Glasplatte haben die Bewohner alte Rechnungen der Firma gelegt. Die Miniaturbauten sind Holzmodelle von Corbusier-Häusern. Durch die Fenster sieht man auf die Fassade des prächtigen Palazzo Podestà.

KULTUR PUR

**Die Mixtur aus historischen
Elementen und nüchterner
Nachkriegsarchitektur schafft
ein ideales Wohnlabor.**

MEISTERWERK

„Ich bekenne mich zur Architektur als unmittelbare Erfahrung. Architektur, in der man sich wohlfühlt und nicht dauernd an Architektur denken muss."

MEISTERWERK

Fritz Barth

**Ort: Fellbach, Deutschland
Gebäude: Einfamilienhaus
Baujahr: 2008
Wohnfläche: 350 m²**

Ein Mann. Ein Haus. In Fellbach bei Stuttgart hat der Architekt Fritz Barth sein Eigenheim entworfen, das zugleich eine Hommage an Heroen der Baukunst und Höhepunkte der Kultur ist und eindrücklich beweist, wie angenehm gute Architektur ein Leben machen kann.

Der Architekt Fritz Barth hat sein Haus auf vertrautem Terrain gebaut. „Seit meiner Jugend", sagt er, „habe ich Entwürfe für dieses Grundstück gemacht." Früher stand hier, in der zweiten Reihe eines Wohngebiets mitten im württembergischen Fellbach, die Zimmerei des Großvaters und des Vaters. Das gemauerte Spänesilo, das in Fritz Barths Garten aufragt, ist ein Relikt aus der Zeit, als an der langen Straße hinter den Wohnhäusern die Handwerksbetriebe angesiedelt waren.

Hinter dem schlichten Drahtgeflecht des Eingangstors fällt Fritz Barths neues Einpersonenhaus mit seiner Lärchenholzfassade zwischen den Geschäften, Parkplätzen, Familienhäusern und Hinterhöfen auf den ersten Blick kaum auf. Doch sobald man nähertritt, sobald man die Reihe der gefalteten Holzläden auf sich wirken lässt und die Wandelhalle im Garten entdeckt, wird klar, dass hier jemand einen ganz besonderen Ort geschaffen hat.

„Würde ich für andere bauen, würde ich mich stärker bremsen", erklärt der Architekt hinter der alten Eingangstür, die früher die Zimmerei des Vaters öffnete und nun in den Neubau integriert ist. Beim Haus für sich selbst aber konnte er Gas geben: Auf 350 Quadratmetern gestaltete Fritz Barth seine individuelle „Wohnmaschine", die einzig dem eigenen Geschmack folgt.

Die große offene Küche, in die gleich beim Empfang der Blick fällt, bleibt für Barths Gäste kein leeres Versprechen. Hier wie im übrigen Haus hat der Architekt alles auf Maß eingerichtet – so, wie er es als Koch braucht; große Arbeitsflächen, viel Stauraum und Geräte aus der professionellen Gastronomie, die auch nach dem Kriterium weitgehender Freiheit von fremdem Designwollen ausgesucht sind: „Geschwungen, mit tollen Griffen – das geht hier gar nicht."

FOTOGRAFIE: FRITZ BARTH
TEXT: RUTH HÄNDLER

MEISTERWERK

MEISTERWERK

Linke Seite: In dem Kopfbau, der zur Hauptstraße nach Westen liegt, befindet sich ein Ladengeschäft. Die beiden Rundfenster darüber gehören zu den Zimmern im Wohnbereich des Sohnes.

Oben: Die beiden Keramikobjekte stammen aus China, wo sie als Aufsätze für Rundtempel dienen. Hier sind sie als Wasserspeier in einem schmalen Becken eingesetzt, das an der Rückseite der Wandelhalle im Garten verläuft.

Jenseits des gemauerten grauen Kubus, in dem Gästetoilette, Tür zum Untergeschoss, Kamin und Treppenaufgang liegen, setzt sich die lange Schrankwand fort. Der Einbau, Birkenfurnier auf MDF-Platten, bietet Platz für Gläser, Servietten und Besteck, für Bücher, Bar und Musikanlage und wirkt in dem nur fünf Meter tiefen Raum als starkes Rückgrat. Vom Esstisch, ein Eigenentwurf wie der Großteil des Mobiliars, sieht man durch die fast raumhohe Fensterfront hinaus in den Garten – ohne freilich gleich die ganze Grünfläche zu erfassen. Jenseits der Scheiben antwortet die Gartengestaltung auf die Architektur. Die Wandelhalle flankiert, ebenso nobel wie heiter, den eckigen Späneturm. Sie bildet den betongrauen Hintergrund für das Staudenbeet in Grün, Violett und Weiß und macht, auch das ist wichtig, neugierig auf die Medaillons, die in ihre Innenwand gegossen sind, und auf jenen Gartenteil, den sie an ihrer Rückseite verbirgt. Wechselnde Raumhöhen, Raumtiefen und Raumlängen: In Fritz Barths offenem, weitgehend türlosem Haus wird Architektur zum Erlebnis, aber nicht zum Spektakel. „Wozu ich mich bekenne, ist die Architektur als unmittelbare Erfahrung", sagt Barth. „Eine Architektur, die man schlichtweg als angenehm empfindet. Wo man sich wohlfühlt und nicht dauernd an Architektur denken muss."

Vor 20 Jahren realisierte Fritz Barth gemeinsam mit seiner damaligen Frau Elisabeth in Stuttgart ein vielbeachtetes Projekt: eine Reihe von elf Ateliers für Künstler, die selbst als Bauherren auftraten. Bekannt wurden die beiden aber auch durch ein gelehrtes Kochbuch: Während des Aufenthaltes an der deutschen Künstlerakademie Villa Massimo in Rom hatte das Paar eine italienische Rezeptsammlung verfasst und mit Parallelbetrachtungen zur Architektur in der Ewigen Stadt gewürzt. Dies freilich so scharf und ironisch, dass das deutsche Innenministerium das Traktat aus dem Verkehr ziehen wollte.

Barths folgende Publikationen kamen ohne größere Anteilnahme der Bundesbehörden auf den Markt. Seine Dissertation, eingereicht an der ETH Zürich, galt der Villa Lante in Bagnaia. Er verfasste eine Monografie zum Werk des in Prag ansässigen Barockbaumeisters Johann Blasius Santini und beschäftigte sich in

Oben: Zu den verschiedenen Stimmungsbereichen in dem außergewöhnlichen Garten gehört auch eine Gruppe von Birken.

einem weiteren Buch mit den Festungsbauten des Sieneser Architekten Francesco di Giorgio Martini (1439 bis 1501).

Im Arbeitszimmer, zu dem vom Essraum zwei Stufen hinunterführen, und das sich mit einem Luftraum vom Erdgeschoss zum Obergeschoss hochstreckt, stünde der selbstentworfene Schreibtisch bereit für weitere Forschungen, weitere Manuskripte. Geplant sei derzeit nichts, versichert Barth. Der gusseiserne Ofen in Gestalt eines Tresors wird im Winter den Musiker Barth am Flügel wärmen. Oder den Leser Barth, der sich in ein Buch vertieft, das er aus seiner Bibliothek hinter dem Studio geholt hat.

Während im Erdgeschoss zwei Raumtypen, der lange Essbereich und das hohe Studio, dominieren, hat Fritz Barth das Obergeschoss seines Hauses als ‚Stationenweg' entworfen. Vom Schlafzimmer aus, das ein Lichtauge in der Holzdecke erhellt, reihen sich Räume unterschiedlichen Charakters und mit wechselnder Stimmung aneinander. Hölzerne Säulen begleiten den langen Gang. Er führt zu Badezimmer, Ankleide, Sauna- und Fitnessbereich, öffnet sich auf einen Innenhof, der flankiert wird von einem gläsernen Pflanz- und Gewächshaus und vom Wohnraum mit Schlafgalerie für die Besuche des Sohns. Das Innenleben der Garderobenschränke, die unter anderem auch einem großen Hutsortiment angemessenen Raum geben, die Krawattenhalter, die Schübe hat er selbst gefertigt. „Alles meiner Hände Werk", sagt Barth und erzählt, dass er, als er seinem Sohn eine kleine Schlosser-Werkstatt eingerichtet hatte, selbst Spaß an Metallarbeiten gefunden habe.

Die Wände, hinter denen ein Abstellraum und die Sauna liegen, spiegeln die Leidenschaft des Hausherrn für interessante Architekturen in der Welt des Films. Standbilder aus Klassikern, aber auch aus heute fast vergessenen Filmen hat Barth hier als Kurzfassung des architektonischen Programms seines Hauses vereint. „Die haben alle mit irgendetwas zu tun, was hier stattfindet", sagt der Cineast, der im Untergeschoss des Hauses auch seinen eigenen Kinosaal hat. Festgehalten ist auf dem grobkörnigen Schwarzweiß-Potpourri etwa jener Moment aus Hitchcocks berühmten Film „Rebecca", als der Bürgermeister aus dem französischen Kleinstadt-Rathaus dem frisch vermählten Paar nachruft. Die hölzernen Klappläden neben und über dem Ortsvorsteher inspirierten Barth zur außergewöhnlichen Fassade. „Es ist ja mein Haus", kommentiert er fast entschuldigend die biografischen Akzente, zu denen auch die vielen Zitate auf Werke der „Helden meiner Jugend", von Sigurd Lewerentz und Sir Edwin Landseer Lutyens bis zu Le Corbusier und Alvar

MEISTERWERK

Aalto, gehören. „Hier gibt es fast nichts, was nicht an etwas erinnert. Aber wichtig ist nur das, was man unmittelbar erlebt. Und wenn man dann Lust hat genauer hinzuschauen und drüber nachzudenken, soll die Architektur auch noch etwas zu bieten haben."

Nach diesem Prinzip hat Fritz Barth auch seinen Garten gestaltet. „Wenn man aus dem Haus hinüberschaut, kann man den Abstand und die Größe der Halle nicht genau abschätzen", erklärt Barth. „Die Engländer haben gerne Architekturen in halber Größe in ihre Gärten gestellt. So sehen die Gärten weiter aus und die Bäume größer. Dieser Effekt hat mir immer gefallen." Wie auf einer Bühne spielen hier die Versatzstücke aus verschiedenen Kontexten zusammen. Da steht die Gruppe der Birken, die an die stummen Zeugen einer Tschechow-Inszenierung erinnern. Da sind die sechs Medaillons in der Wandelhalle, von Barths Bildhauer-Freund Olaf Metzel entworfen nach Vorbildern des dänischen Klassizisten Bertel Thorvaldsen und direkt mit der Betonwand gegossen.

Am Ende des Terrassendecks thront die monumentale Steingutvase, die aus der Chemie-Produktion stammt und als Behälter für Industriealkohol diente. Und die Rückseite der Wandelhalle begleitet ein Wasserbecken mit Koi-Karpfen. Überall kleine Sensationen, Plätze, an denen man gerne verweilen mag. „Nach vielen Jahren des Nicht-Bauens wollte ich wissen, ob ich es noch kann", erklärt Fritz Barth lächelnd. Er kann. Und wie!

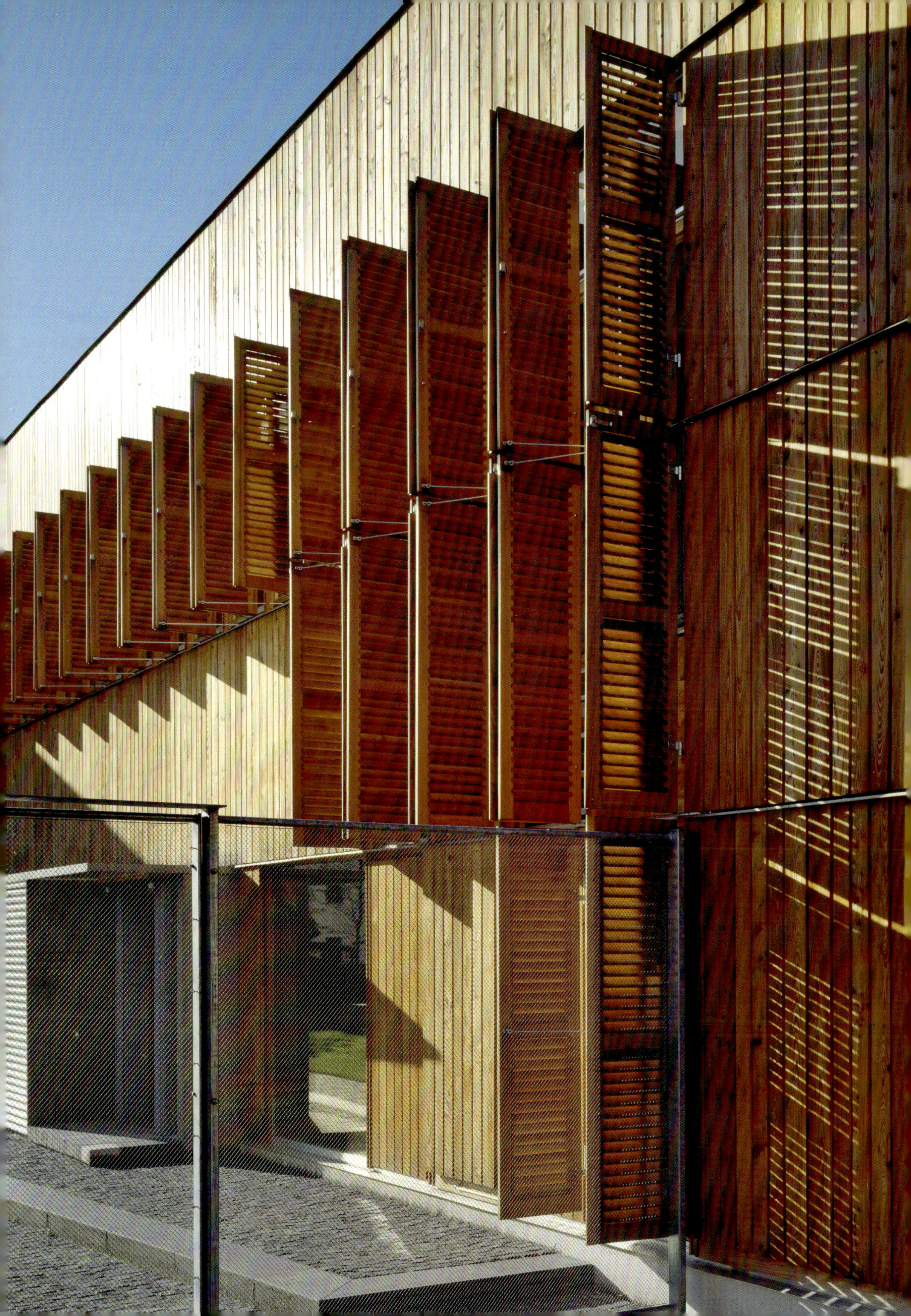

MEISTERWERK

Vorletzte Seite: Die Wandelhalle, die Fritz Barth dem Langhaus seines Wohnbereichs gegenübergestellt hat, schafft einen fixen Abstand, aus dem man auf das Gebäude blicken kann und legt auch einen Weg durch den Garten fest. Die sechs Medaillons auf der Innenseite des Wandelgangs, die dem Haus zugewandt sind, hat der Bildhauer Olaf Metzel entworfen. Sie paraphrasieren Medaillons des dänischen Klassizisten Bertel Thorvaldsen und sind direkt mit der Betonwand gegossen.

Linke Seite: Architektur zum Genießen, Mitdenken und Wundern: Die reliefartige Lärchenholzfassade mit ihrem Licht- und Schattenspiel wirkt als Bild an sich. Sie irritiert aber auch, weil sich die Geschosshöhen an ihrer horizontalen Gliederung nicht ablesen lassen.

Oben: Die raumhohe Schrankwand, die das Rückgrat des langgestreckten Erdgeschosses bildet, wurde aus MDF-Platten mit Birkenfurnier geschreinert. Im Ein-Meter-Raster, das zur Treppe hin unregelmäßiger wird, bietet sie mit unterschiedlicher Innenausstattung viel Platz für Bücher, Gläser, Besteck, Servietten, Bar, Musikanlage und eine Vasen-Sammlung.

Unten: Den langen Esstisch vor den Bücherschränken hat Fritz Barth selbst entworfen. Die Stühle drumherum sind Designklassiker von verschiedenen berühmten Architekten wie Charles und Ray Eames, Alvar Aalto und Giuseppe Terragni.

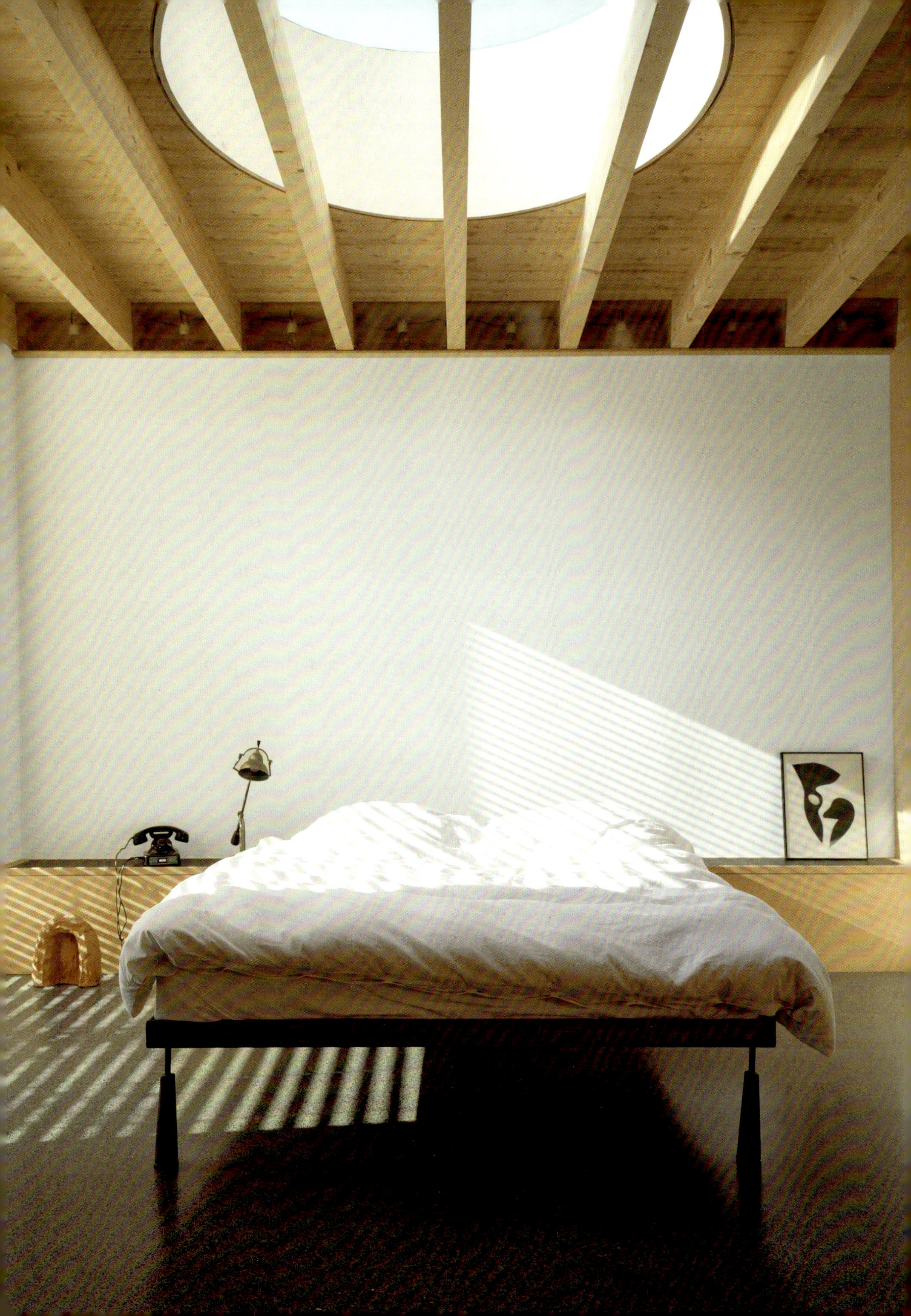

MEISTERWERK

Linke Seite: Das Bettgestell auf gedrehten Stahlfüßen hat Fritz Barth selbst entworfen. Der klassische schwarze Telefonapparat stammt von Manufactum, die Gleichgewichtstischleuchte ist ein Design aus den 1920er-Jahren von Edouard Wilfried Bouquet.

Oben: Wie das Schlafzimmer empfängt auch das Badezimmer Licht von oben. Hinter dem Säulenportal liegen Dusche und WC. Das geschwungene Waschbecken ist ein ehemaliger Friseurwaschtisch. Die Badewanne stammt von Replicata in Freiburg.

Rechts: Bei der Fertigung des Metallschranks zwischen Badezimmer und Schlafbereich hat Fritz Barth selbst Hand angelegt. Im Mittelteil wurden alte Drahtgläser verwendet. Die Stehlampe im Hintergrund hat der Hausherr selbst geschnitzt. Auch der Beistelltisch ist sein Entwurf.

MEISTERWERK

**Im Erdgeschoss konstrastiert
der lange Essbereich
mit dem überhohen Studio.**

MEISTERWERK

Linke Seite oben: An der Außenwand von Abstellraum und Sauna im Obergeschoss sind Fritz Barths persönliche Highlights der Kinogeschichte versammelt. Alle haben Bezüge zur Architektur und formulieren eine Kurzfassung der Zitate und baulichen Vorbilder, die der Architekt in seinem Haus untergebracht hat.

Linke Seite unten: Das hohe Arbeitszimmer mit Luftraum setzt einen Kontrast zum langen schmalen Wohn-Ess-Bereich. Von hier sieht man hoch zum offenen Schlafzimmer, dessen Glasbrüstung einen innen liegenden Balkon bildet. Die Leuchte hat Fritz Barth entworfen und vom Stuttgarter Atelier für Glasgestaltung V. Saile ausführen lassen. Als Inspiration für den Dodekaeder aus Fünfecken diente ihm die so genannten Knize-Kugel von Adolf Loos.

Unten: Der Sessel vor dem Kamin ist eine höhere und ausladendere Abwandlung des berühmten Corbusier-Sessels LC3, die nicht in Serie ging. Der Beistelltisch in Nussbaum ist ein Entwurf des Hausherrn.

MEISTERWERK

Gewohnt wird hier fern des Gewohnten und gegessen immer gut.

Oben: Um den langen Esstisch mit der Eichenplatte hat Fritz Barth berühmte Architekten in Gestalt ihrer Stühle versammelt. Die Designklassiker stammen von Charles und Ray Eames, Alvar Aalto und Giuseppe Terragni. Die beiden Hängeleuchten hat der Hausherr als Öllampen in Indien gekauft und mit Glühbirnen ausgestattet.

Rechts: Vom Eingang aus sieht man sofort in die große offene Küche mit dem feinen grauen Terrazzoboden. Den Augen der Ankommenden verborgen, schließt sich daran noch eine Spülküche an.

Rechte Seite: Die helle Küche in Birke ist wie alle Einbauten des Hauses eine Schreinerarbeit nach Entwürfen des Hausherrn. Diesseits und jenseits des zentralen Tisches mit der Ahornplatte hat Barth sich seine Kochwerkstatt mit ausreichend Arbeitsfläche und Profigeräten eingerichtet.

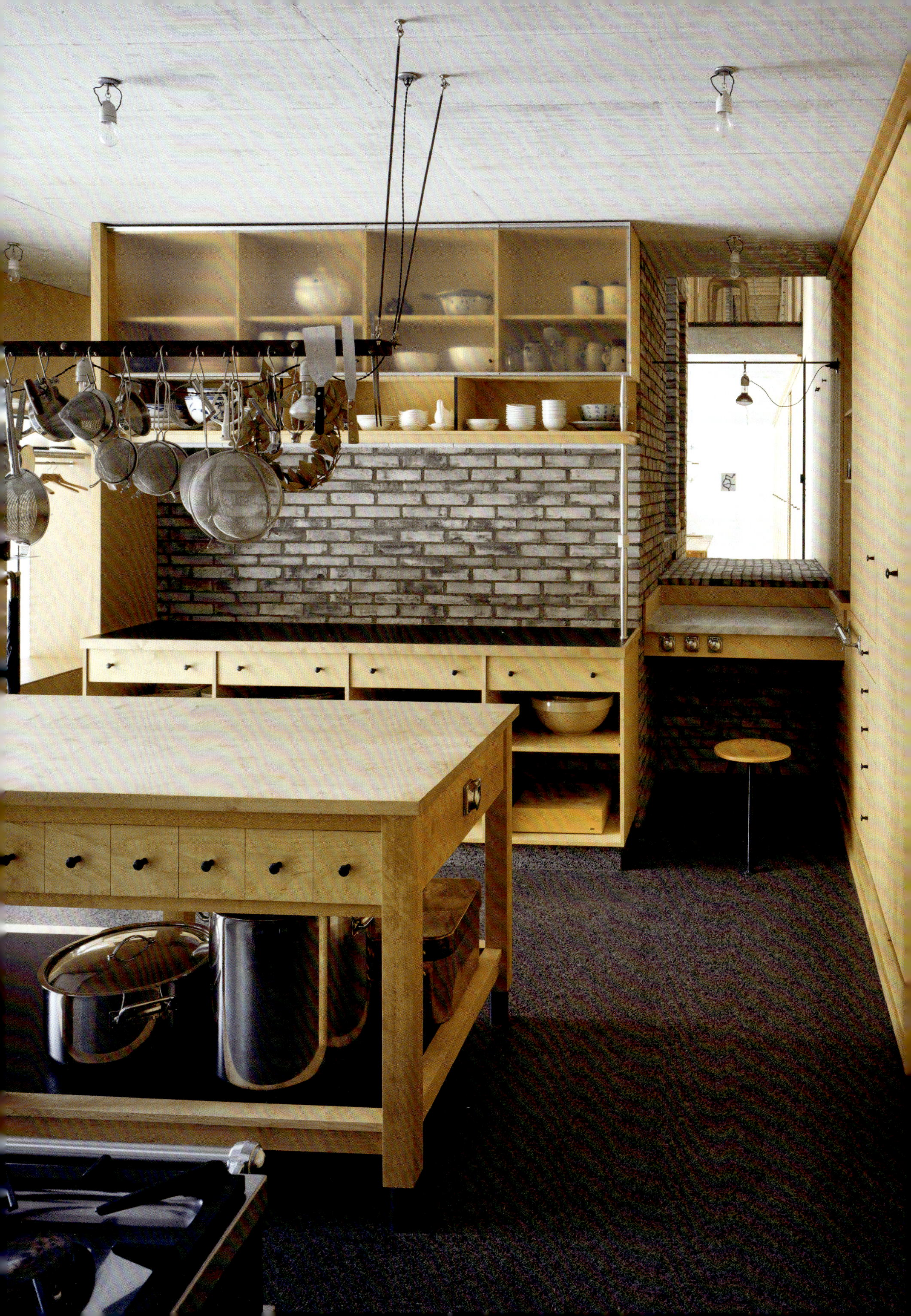

„Erst wenn man reist und
Vergleichsmöglichkeiten erhält,
kann man seinen eigenen
Stil, die eigene Handschrift
entwickeln."

GENUESER EXZELLENZ

Gregorio Gavarone

Ort: Altstadt, Genua
Gebäude: Wohnhaus
Baujahr: 15. Jahrhundert
Wohnfläche: 165 m²

Chinesische Antiquitäten, warme Farben und feinstes italienisches Design sind die Ingredienzien für das elegante Altstadtappartement eines Genueser Reedereibesitzers.

Genuas Altstadt ist nicht nur die größte in Europa, sondern auch berühmt für ihre hohen Häuser und das labyrinthische, enge Gassengewirr. Dies hat zur Folge, dass viele Wohnungen im historischen Zentrum der Stadt klein und düster sind. „Es ist alles andere als einfach, hier Räume mit Licht und Platz zu finden", weiß der Reedereiinhaber Gregorio Gavarone aus eigener Erfahrung. Es war purer Zufall, dass er die Wohnung in dem stattlichen Haus an der zentralen Piazza San Lorenzo eines Morgens entdeckte. Er überquerte den Domplatz auf dem Weg in sein Büro, als ihm das kleine ‚Zu-verkaufen'-Schild an der Fassade auffiel. Umgehend kontaktierte er den Makler und vereinbarte einen Besichtigungstermin. Als er das Appartement zum ersten Mal sah, fielen ihm nicht nur die zahlreichen Fenster auf drei Seiten des Gebäudes, sondern auch die einmalige Sicht auf die San-Lorenzo-Kathedrale sowie den historischen Domplatz auf. Noch am selben Tag unterzeichnete er den Kaufvertrag.

Gregorio Gavarone hegt eine große Liebe zu Genua. Er hat in der ligurischen Hauptstadt eine glückliche, unbeschwerte Kindheit verbracht und fühlt sich privilegiert, noch immer hier zu leben. „All die Gerüche und Geräusche sind dieselben wie in meiner Jugend", erzählt er. „Ich fühle mich in dieser Stadt wohl und geborgen." Vor etwas mehr als 100 Jahren hatte sein Urgroßvater im Genueser Hafen ein Schlepperunternehmen gegründet, welches sich über die Jahrzehnte zu einer international renommierten Reederei gemausert hat. Gregorio Gavarone leitet das Familienunternehmen heute in vierter Generation. Da er als junger Mann keine akademischen Ambitionen hegte, begann er bereits mit 18 Jahren bei einer Schiffsmaklerei zu arbeiten. „Der Schiffsmarkt erlebte damals eine Hochblüte", erinnert er sich. „Ich konnte sehr viel reisen und lernte die Welt kennen. Diese Zeit war unglaublich lehrreich." Aus den wenigen Jahren, die er eigentlich vorgehabt hatte, als Schiffsmakler zu

FOTOGRAFIE: MARTIN GUGGISBERG

arbeiten, wurden schließlich 20, bevor er ins Familienunternehmen einstieg. Dafür verfügte er nun über ein unschätzbar wertvolles Wissen rund um die Schifffahrt und den weltweiten Handelsmarkt.

Zusammen mit seiner Familie lebt Gregorio Gavarone in einer prachtvollen Jugendstilwohnung an den begehrten Hängen über dem Zentrum Genuas. Mit Giovanna Corradi Gavarone ist er seit 30 Jahren verheiratet, und gemeinsam haben sie drei Söhne, von welchen zwei in London studieren. Sämtliche Sprösslinge sind am Einstieg ins elterliche Schifffahrtsunternehmen interessiert. Das Appartement in der Genueser Altstadt sollte in erster Linie ein Wohlfühlort für Familie und Gäste werden. Gavarones selbst dient sie als zentral gelegene Alternative, denn sie liegt nur wenige Gehminuten von Genuas bekannter Oper, zahlreichen Kinos, Theaterhäusern sowie dem Hafen.

Bevor man einziehen konnte, musste die Wohnung allerdings erst einmal einer Komplettauffrischung unterzogen werden. Sie hatte ursprünglich aus lauter kleinen, engen Räumen bestanden, welche die neuen Besitzer zu großzügigen Zimmern zusammenlegten, um besser von den vielen Fenstern und der grandiosen Sicht auf die Kathedrale zu profitieren. Allein der zentrale Wohnraum verfügt heute über vier große Fenster auf den belebten Altstadtplatz. Ebenfalls im vorderen Teil befindet sich die wohnliche Küche mit Esstisch, während das Schlaf- und das Badezimmer den rückwärtigen Teil der Wohnung einnehmen. Hier gehen die Fenster auf eine typische Genueser Altstadtgasse. Für den offenen Grundriss musste die Wohnung mit neuen Stahlträgern ausgerüstet werden. Die Planung dafür sowie das Entwerfen von Küche und Bad wurden einem Architekten übertragen. Für die Innenarchitektur allerdings zeichnen der Reedereibesitzer und seine Ehefrau selbst verantwortlich. Einrichten ist eine große Leidenschaft der

beiden. Immer wieder lassen sie sich auf ihren vielseitigen Reisen in alle Welt inspirieren. „Erst wenn man reist und Vergleichsmöglichkeiten erhält, kann man seinen eigenen Stil, die eigene Handschrift entwickeln", ist Gavarones feste Überzeugung.

Das Wohnzimmer haben die talentierten Besitzer mit großzügigen Sofas, Lesesesseln und einer Menge kleiner Tische voller Fotobände eingerichtet und so eine gemütliche Mischung aus Hotellobby und Bibliothek geschaffen. Gregorio und Giovanna Gavarones Stil ist schlicht und warm. Sie finden ihn sowohl in 500 Jahre alten chinesischen Antiquitäten wie auch in zeitgenössischem italienischen Design. Mit erstaunlichem Geschick verquicken die beiden Möbel und Kunstobjekte, Antikes mit Avantgardistischem zu einem erfrischenden und stimmungsvollen Ambiente. Das Farbkonzept haben sie aus den Materialien der Stadt abgeleitet: Es besteht aus zurückhaltenden Beige- und Olivtönen, welche mit warmem Gelb und einem kräftigen Rot aufgefrischt werden. Die geometrischen Muster der Genueser Kathedrale tauchen in Vorhängen und Lampenschirmen wieder auf. „Wir haben versucht, die Farben und Formen der Wohnung so neutral wie möglich zu halten, um die Wirkung des Domes nicht zu stören", erklärt Gregorio Gavarone das Konzept.

Das auffälligste Stück der Wohnung, beinahe verborgen unter Stapeln von Bildbänden, nimmt die Mitte des Raumes ein: ein Tisch aus dem Flügel einer alten DC3. Das ungewöhnliche Objekt fügt sich erstaunlicherweise problemlos in das Interieur und unterstreicht seine maskuline Note noch. Die silberne Oberfläche wird in der Tapete im Eingangsbereich und Korridor wiederaufgenommen. „Diese Bereiche im Innersten der Wohnung waren zu Beginn etwas düster", sagt der Besitzer. „Deshalb haben wir uns für eine Tapete mit glänzender Oberfläche entschieden."

GENUESER EXZELLENZ

In seinem Zuhause will Gregorio Gavarone sich mit Objekten umgeben, die mit der eigenen Geschichte verbunden sind: „Dinge, die man erworben hat, weil man sie mag und sie einem gefallen, strahlen eine positive Energie aus und schaffen so eine gute Atmosphäre."

Oben: Die mittelalterlichen Häuser rund um die Piazza San Lorenzo erhielten ihre repräsentativen Fassaden im 19. Jahrhundert. Das Appartement der Familie Gavarone befindet sich im vierten Stock eines der Wohnhäuser gegenüber der Kathedrale San Lorenzo, welche zwischen 1100 und 1400 errichtet wurde.

Unten: Mitten im Wohnzimmer steht ein aus einem alten DC3-Flügel (Baujahr 1944) gefertigter Tisch. Er dient als Arbeitstisch und Buchablage. Im Hintergrund sind das Modell der Familienyacht aus den 1960er-Jahren sowie ein Teleskop zu sehen.

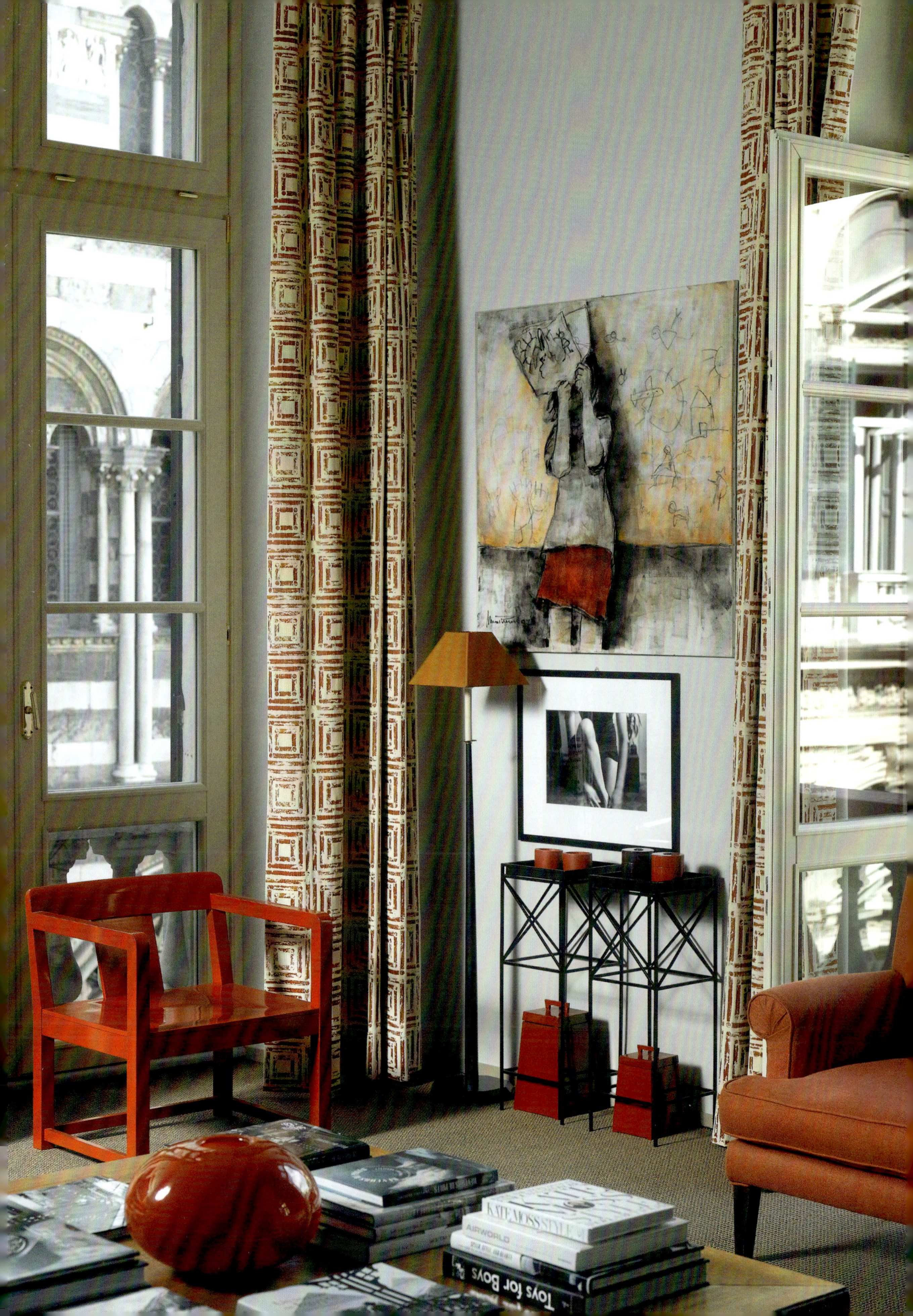
KATE MOSS STYLE
AIRWORLD
Toys for Boys

GENUESER EXZELLENZ

Linke Seite: Die Beige-, Braun- und Grautöne der Wohnung leiten sich von den Farben der Altstadt ab, sodass Interieur und Außenraum perfekt harmonieren. Die geometrischen Muster der Kathedrale San Lorenzo spiegeln sich in denjenigen der Vorhänge wieder. Das Gemälde ist eine Arbeit des italienischen Künstlers Puerari.

Oben: Bücher sind eine große Leidenschaft der Familie Gavarone. Zwei komfortable Sessel formen eine gemütliche Leseecke vor dem modernen Bücherregal. Auch von hier aus genießt man die Sicht auf die Kathedrale.

Rechts: Die ganze Wohnung wurde in einem warmen Grau gestrichen. Das Wohnzimmer bildet das Herz des Appartements. Von seinen vier großen Fenstern blickt man direkt auf die Kathedrale und den Domplatz. Hinten links sieht man in die offene Wohnküche. Um den Eingang und Korridor zu erhellen, wurden sie mit einer silbrig glänzenden Tapete ausgekleidet.

GENUESER EXZELLENZ

Oben: Die Küche mit ihren hellen Eichenfronten dient auch als Esszimmer und geht nahtlos in den großen Wohnraum über. Der Boden besteht aus dunklen Eichendielen, der Schrank ist eine Antiquität aus Vietnam.

Rechts: Die Nische neben dem Eingang dient als Garderobe. Um sie heller und geräumiger wirken zu lassen, wurde sie mit einer silbrig glänzenden Tapete ausgekleidet.

Rechte Seite: Das Badezimmer ist in dunklen, maskulinen Tönen gehalten. Das Eichenparkett und die alten Fensterläden schaffen eine mediterrane Atmosphäre.

GENUESER EXZELLENZ

„Dinge, die man mag und die einem gefallen, strahlen eine gute Energie aus und schaffen eine angenehme Atmosphäre."

„Ich packe gerne Neues an
und lasse Dinge los, wenn sie
von selber laufen."

Leo Zimmermann

Ort: Riehen, Basel
Gebäude: Mehrfamilienhaus mit Ateliers
Baujahr: 2004
Wohnfläche: 145 m^2

Showroom, Wohnatelier und Kreativlabor – in Riehen bei Basel hat der Innenarchitekt Leo Zimmermann die idealen Räumlichkeiten gefunden, um seine Leidenschaft für modernes Design zu leben.

Ein Rundgang durch Leo Zimmermanns Wohnatelier gleicht einem Spaziergang durch die jüngere Designgeschichte. Auf Schritt und Tritt lassen sich Schweizer Designikonen von den 1930er-Jahren bis heute bestaunen, aber auch Möbelklassiker der Moderne von Eames, Jacobsen und Co. sowie Raritäten aus der postmodern-verspielten Memphis-Phase. Klar, dass die Farben der Wände aus den Paletten des Großmeisters Le Corbusier stammen. Bei Preziosen wie dem eleganten Stuhl „Cross Check" von Frank O. Gehry aus gebogenen Ahornbändern macht der Designkenner ehrfürchtig Halt. Jedes Stück hat Zimmermann sorgsam ausgewählt, und er weiß über die Hintergründe von Leuchten, Schirmständern und Regalen zu erzählen. Seine umfangreichen Möbelkenntnisse kommen nicht von ungefähr. Während einem Vierteljahrhundert hat er für das legendäre Berner Einrichtungshaus Teo Jakob gearbeitet und das Geschick des Unternehmens 15 Jahre lang zusammen mit seiner Geschäftspartnerin selbst geleitet.

Ursprünglich hatte Leo Zimmermann Geomatiker gelernt und drei Jahre in diesem Beruf gearbeitet, bevor er sich an der Schule für Gestaltung in Basel zum Innenarchitekten ausbilden ließ. Ein Jahr lang beschäftigte er sich mit Ladenbau, bevor er sich seiner Leidenschaft zuwendete: Möbeldesign. 1981 begann er als Verkäufer und Berater im Einrichtungsgeschäft Teo Jakob in Bern zu arbeiten. Schon fünf Jahre später war er Mitglied der Geschäftsleitung und des Verwaltungsrates. 1991 schließlich, als Teo Jakob sich zurückzog, verkaufte er Leo Zimmermann und Rosmarie Horn das Unternehmen. Zu jener Zeit hatte Teo Jakob Filialen in Bern, Genf und ein erst kurz zuvor eröffnetes Geschäft in Lyon. Letzteres mussten die frisch gebackenen Unternehmer allerdings wieder schließen, weil die nötigen Mittel für einen soliden Aufbau fehlten. Dafür wurde in der Schweiz weiter investiert. Es kam ein

FOTOGRAFIE: MARTIN GUGGISBERG

weiteres Geschäft in Genf dazu, und schließlich wagte man mit der Übernahme des etablierten Colombo den Schritt in den Raum Zürich und Solothurn. Teo Jakob wurde damit zum größten Design-Einrichtungsgeschäft der Schweiz.

Im Sommer vergrößert sich das Wohnatelier um einen schönen Außenbereich. Insgesamt führen fünf Flügeltüren nach draussen. Der Hauswart lässt die Flora um die Wohnung zur wilden Wiese wachsen.

Nach 25 Jahren beschloss Leo Zimmermann 2006, eigene Wege zu gehen. „Ich packe gerne Neues an und lasse Dinge los, wenn sie von selber laufen", sagt er. „Mein Pioniercharakter fühlt sich schnell unwohl, und da meine Geschäftspartnerin keine neuen Wege mehr beschreiten mochte, entschieden wir uns, dass ich Teo Jakob verlasse." 2007 hat er sein eigenes Unternehmen gegründet, die Chairness Consulting. „Dieser Schritt bedeutete einen großen Wechsel in meinem Leben", sagt der Innenarchitekt. „Mir war klar, dass ich mein Atelier nicht in Bern haben wollte, und Basel bot mir mit seiner kulturellen Vielfalt und der Nähe zum Ausland ein ausgezeichnetes Synergiefeld." Gleich der erste Besichtigungstermin stellte sich als Volltreffer heraus. Als der Innenarchitekt den Raum mit seinen großzügigen Fensterfronten sah, wusste er, dass er hier einziehen würde. „Die Architektur hat mich sofort angesprochen, und die Lage war für meine Bedürfnisse einfach perfekt", erklärt er. Die vom Architekturbüro Burckhardt & Partner Basel erstellte Siedlung „Wasserstelzen" mit mehreren Wohn- und Ateliereinheiten befindet sich in Riehen, kurz hinter der Basler Stadtgrenze. Hier trifft die Ruhe der ländlichen Idylle auf die Vorteile des nahen Stadtlebens. Es gibt Bus-, Tram- und S-Bahnanschlüsse, und die nächste Autobahnauffahrt befindet sich in unmittelbarer Nähe. „Außerdem sind das Beyeler-Museum und das Vitrahaus in der Umgebung und verschaffen Riehen eine große Anziehungskraft", schwärmt Leo Zimmermann. „Mein Wohnatelier dient mir auch als Akquisitionsinstrument, und da ist es ideal, wenn die Leute ihren Ausflug kombinieren können."

Den Ausbau des Ateliers finanzierte der Berner selbst, und im Gegenzug erhielt er einen langjährigen Mietvertrag. „Das Wohnatelier ist nun 100%ig auf meine Bedürfnisse abgestimmt", freut sich Leo Zimmermann. „Mein Ziel war, den länglichen Raum in verschiedene Zonen zu unterteilen, ohne die Großzügigkeit zu verlieren." Betritt man den Raum heute, findet man sich in einer gemütlichen Wohnküche wieder. Dahinter hat der Innenarchitekt ihn längs geteilt. So landet man links in der üppig ausgestatteten Designbibliothek, rechts im Schlafbereich. Im anschließenden Arbeitsbereich mit „Besprechungszimmer" und Arbeitspult öffnet sich das Atelier wieder in die Breite. Um das Badezimmer und das umfangreiche Archiv mit Werkstatt unterzubringen, hat Zimmermann die Innenwand „aufgedoppelt" und die Räume so platziert, dass der Raum nichts an Offenheit einbüßt. Ganz vorne schließlich, wo sich die beiden verglasten Fronten treffen, befindet sich eine Lounge, vom Arbeitsbereich durch ein ganz besonderes Designstück abgetrennt: einer eiförmigen Bibliothek des Schweizer Designers Beat Frank.

DER CHAIRMAN

Leo Zimmermann ist ein echter Selfmademan. In seiner Firma übernimmt er nicht nur den Beratungsteil, sondern die ganze Administration wie auch die Lieferung und Montage der Möbel. Besprechungen mit Kunden finden in seinem Wohnatelier in Riehen statt, die Möbelauswahl geschieht in Geschäften, mit denen er zusammenarbeitet. „Ich verkaufe nie etwas ab Katalog", erläutert Zimmermann. „Ich will ein Möbel, einen Stoff, eine Farbe sehen und dem Kunden zeigen." Bedenklich findet er, dass die Innenarchitektur oftmals unterschätzt wird. „Genau wie bei der Architektur braucht es auch im Innern einen Gesamtplan", ist er überzeugt. „Wenn Bauherren oder Architekten den Innenbereich selbst übernehmen, geht das oft schief."

Neben Innenarchitekturprojekten beschäftigt sich Leo Zimmermann auch mit der Entwicklung von Softwareprogrammen. Soeben hat er die geniale App Levelink lanciert. Auf einer zentralen Datenbank werden sämtliche Kataloge und Preislisten aller wichtigen Möbelhersteller verwaltet und laufend aktualisiert, sodass die Benutzer – Händlerinnen und Händler der Einrichtungsbranche – mit ihrer App ständig auf dem neuesten Stand sind, und das mühselige Nachschlagen und Suchen nach Preisen und Produktinformationen entfällt. In seinem hellen Basler Kreativatelier brütet der innovative Berner gerne über seinen Plänen. Die Großzügigkeit, das kulturelle Umfeld und nicht zuletzt die wunderbare Sicht ins Grüne beflügeln seine Fantasie immer wieder aufs Neue.

Blick in den Besprechungs-, Arbeits- und Wohnbereich im vorderen Teil des Wohnateliers. Die eiförmige Bibliothek im Hintergrund stammt von dem Schweizer Beat Frank.

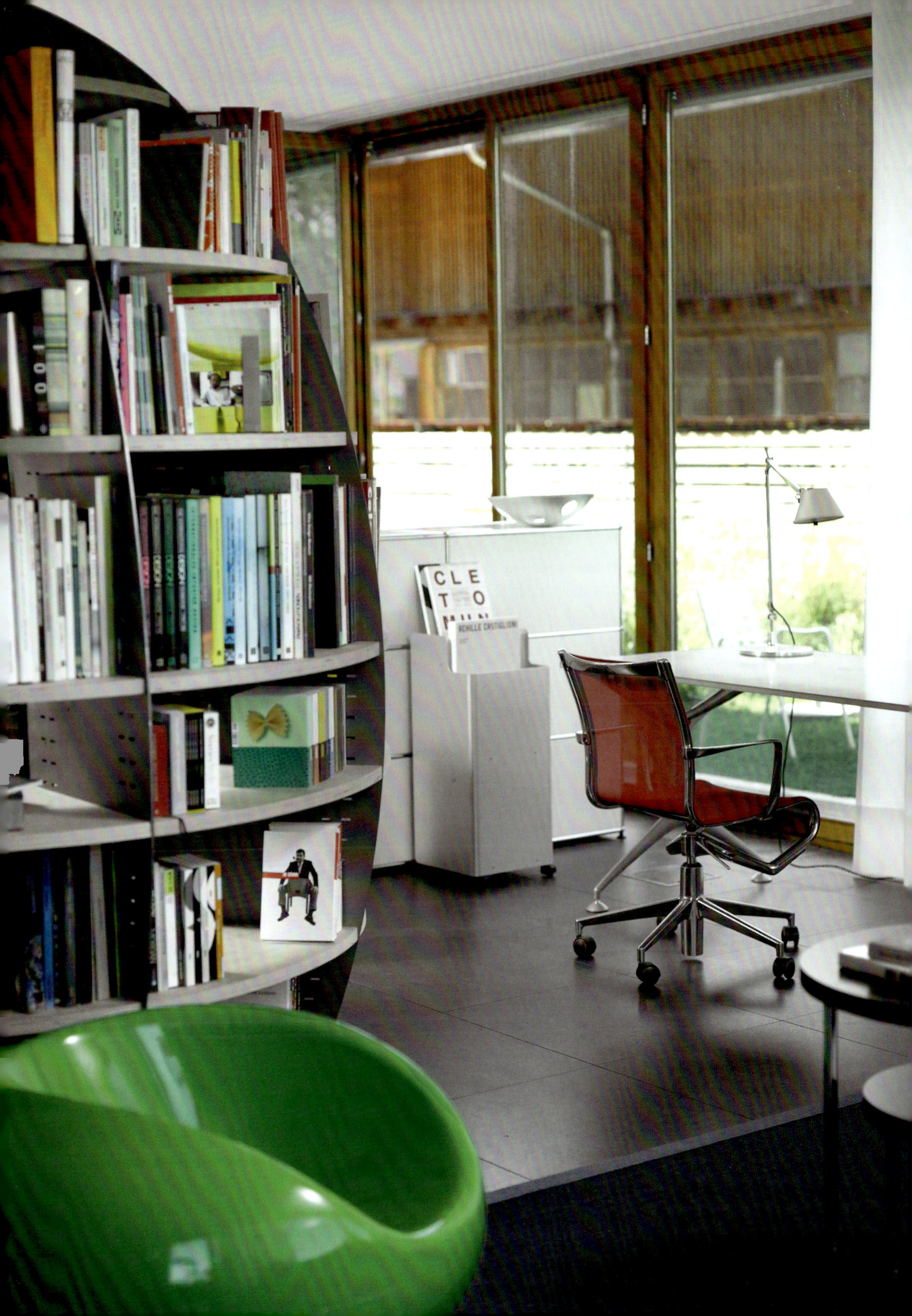
ACHILLE CASTIGLIONI

DER CHAIRMAN

Linke Seite: Die Bibliothek von Beat Frank dient als Raumtrenner zwischen dem Lounge- und dem Arbeitsbereich. Der grüne Kunststoffsessel „Pastil Chair" ist ein Entwurf des Finnen Eero Aarnio aus den 1970er-Jahren.

Oben: Der Loungebereich befindet sich im Wohnatelier ganz vorne. Frank O. Gehry entwickelte den Stuhl „Cross Check" zu Beginn der 1990er-Jahre als Teil einer Möbelserie aus Ahorn-Bändern für die Firma Knoll International. Das Design des Sofas „Club 1910" von Josef Hofmann ist über 100 Jahre alt!

Unten: Blick vom Schlaf- in den Bibliotheksbereich. Die Bodenplatten bestehen aus anthrazitfarbenem Linoleum. Die Kommode ist ein Stück des Schweizer Architektenpaars Trix und Robert Haussmann. Im Hocker „Kleiner Trommler" versteckt sich die Hausbar.

Oben: In der Küche entschied sich Leo Zimmermann für ein Modell des italienischen Herstellers Driade. Klassiker bilden den Essbereich: Tisch „Tulip" von Eero Saarinen, Stühle von Arne Jacobsen und ein Hocker von Philippe Starck.

Unten: Den bunten Läufer in der Bibliothek hat sich Leo Zimmermann aus drei Einzelstücken von Ikea zusammengenäht. Darauf steht der Aluminiumstuhl „Hudson" von Philippe Starck für die US-Firma Emeco.

Rechte Seite: Die Wand zum Badezimmer hat Leo Zimmermann in der Corbusier-Farbe „Bleu outremer moyen" gestrichen. Der Aktenschrank „Memo" ist ein älteres Möbel von Vitra. Darauf stehen drei alte Inserate-Druckplatten von Teo Jakob sowie eine französische Leuchte aus der Memphis-Zeit. Im Vordergrund die Leuchte „Snow" von Vico Magistretti von 1974 und ein Kunststoffschalen-Sessel von Charles und Ray Eames.

DER CHAIRMAN

DIE KUNST DES WOHNENS

„Wohnen in Berlin hat noch den Reiz von Experiment und Freiheit. Die gesellschaftlichen Strukturen sind nicht so gefestigt wie andernorts."

DIE KUNST DES WOHNENS

Jörg Johnen

Ort: Charlottenburg, Berlin
Gebäude: Mehrfamilienhaus
Baujahr: 1895
Wohnfläche: 180 m²

Berlin hat sich in den vergangenen Jahren zum ultimativen Kunstmekka in Deutschland gemausert. Der Kölner Galerist Jörg Johnen hat die Zeichen der Zeit früh erkannt und in die Hauptstadt expandiert. Hier bewohnt er eine Gründerzeitwohnung in Charlottenburg, in der sich Architektur und Kunst perfekt ergänzen.

Wenn es in Deutschland ein Kunst- und Künstlermekka zu bestimmen gälte, müsste die Wahl ganz klar auf Berlin fallen. Seit dem Fall der Mauer strömen Kunstschaffende in Scharen in die neue Hauptstadt und füllen die Jahrzehnte alten Brachen mit neuen Inhalten. Dass auch die Galerien nachgezogen sind, ist nur logisch. Besonders schmerzhaft war dies für den ehemals wichtigen Kunstplatz Köln, der an Strahlkraft eingebüßt hat. Für Jörg Johnen, der seit 1984 eine Kölner Galerie führt, ist diese Entwicklung nicht verwunderlich. „Berlin bietet nicht nur den Künstlern einen unglaublichen Freiraum", sagt er, „die Stadt ist auch für Besucher viel attraktiver. Sie ist zum wichtigsten Standort für Produktion und Vertrieb junger Kunst in Deutschland geworden." Der geborene Ulmer weiß, wovon er spricht. Seit seinem Studium der Kunstgeschichte in München und Bochum beschäftigt er sich mit der jungen deutschen Kunst und gilt als einer ihrer wichtigen Förderer. Seine Karriere begann er als Journalist. Beim Schreiben eines Porträts lernte er die junge Düsseldorfer Kunstszene kennen. Schon bald war die Idee geboren, in Köln, das sich damals zum wichtigsten Kunststandort in der BRD entwickelt hatte, eine Galerie zu eröffnen. „Für mich war schon damals klar, dass Leute wie Katharina Frisch und Thomas Ruff Superkünstler sind", erzählt Johnen. „Dass sie aber solche Berühmtheit erlangen würden, hätte ich mir nicht träumen lassen." Gemeinsam mit dem Münchner Galeristen Rüdiger Schöttle eröffnete er 1984 die Galerie „Johnen + Schöttle" und führte diese fortan. Heute zählen Künstler wie Jeff Wall, Candida Höfer oder James Coleman zu seinen Protegés. Während in den 1980er-Jahren die Neuen Wilden den Ton angaben, blieb Jörg Johnen der Minimal und Concept Art treu, und noch heute dient ihm intellektueller Diskurs als Fundament, auf dem

FOTOGRAFIE: SABRINA ROTHE

DIE KUNST DES WOHNENS

Die minimalistische Renovierung der eleganten Jahrhundertwendewohnung hat den perfekten Rahmen für Jörg Johnens Sammlung an konzeptueller Kunst geschaffen. Die Stühle und der Tisch sind Skulpturen von Martin Boyce, das Video „Cat and Bird in Peace" ist eine Arbeit des Belgiers David Claerbout und die Fotoarbeit ein frühes Werk des kanadischen Künstlers Jeff Wall.

sich sein Programm entwickelt. „Ich bin aber längst nicht mehr so dogmatisch wie in den 80er-Jahren", räumt der Süddeutsche ein. „Ich zeige heute auch schon mal eine Position, die nicht in diese Debatte reinpasst, sondern sich auf die klassische Malerei beruft." Ein Schwerpunkt seines Galeristenschaffens ist aber nach wie vor der Aufbau junger Talente. Tino Sehgal, einer seiner Künstler, etwa zeigte 2005 auf der Biennale in Venedig im deutschen Pavillon die viel diskutierte Arbeit „This Is So Contemporary" und war 2007 für den Preis der Nationalgalerie für junge Kunst nominiert. Dann hat Johnen auch die junge polnische Szene entdeckt, aus der mittlerweile ebenfalls der eine oder andere Kunstsuperstar hervorgegangen ist. Vor ein paar Jahren hat Jörg Johnen seine erste Ga-

lerie in der Hauptstadt eröffnet. Im ehemaligen Osten, in Berlin-Mitte, präsentiert er seine Künstler in einem alten Pavillon aus DDR-Zeiten.

Seinen Hauptwohnsitz hat Jörg Johnen in Köln belassen, doch da er sich geschäftlich immer öfter in Berlin bewegte und viel Zeit in Hotels verbrachte, entschied er sich für eine Zweitwohnung in Berlin. „Nach sehr langem Suchen habe ich mich entschieden, in den Bezirk Charlottenburg zu ziehen", erzählt er. „Die Infrastruktur ist hier mit am besten." Die Wohnung, die er schließlich über einen Makler fand, stellte sich als wahrer Glücksfall heraus. Nicht nur die Lage unweit des Savignyplatzes war ideal, sondern auch der Zustand der großbürgerlichen Altbauwohnung: Sie war derart heruntergekommen, dass sie komplett saniert werden musste. „Hier erhielt ich die Chance, bei der Renovierung mitzureden", sagt Jörg Johnen, der sich genügend schlechte Beispiele hatte ansehen müssen. Mit der Besitzergesellschaft wurde eine Vereinbarung getroffen: Jörg Johnen durfte seinen eigenen Architekten einbringen, der Architekt der Besitzergesellschaft musste aber als Bauleiter mitwirken. Für Jörg Johnen war klar, wer sich des Umbaus annehmen musste: der Architekt Ulrich Wiegmann aus Köln.

Ein Briefing seitens des Bauherrn erübrigte sich, da Ulrich Wiegmann Jörg Johnens Ansprüche genau kennt. Er hatte schon für den Bau seiner Kölner Wohnung und die Galerie in Berlin verantwortlich gezeichnet. „Wir wollten Architektur schaffen, welche einen angemessenen Rahmen für die Kunstsammlung bildet", erklärt dieser, „sich selbst dabei aber zurücknimmt." Ein großer Respekt gegenüber der Historie ist für den Architekten, der in Köln vor einigen Jahren unter anderem die Pfarrkirche St. Peter beispielhaft renoviert hat, selbstverständlich. Die alten Parkettböden, die edlen Fenster und die reich kassettierten Türen wurden sorgfältig instand gesetzt. Letztere mussten allerdings

Die Großzügigkeit der Charlottenburger Wohnung wird durch ein minimales Farbkonzept und eine stringente Möblierung unterstrichen. Blick durch das Esszimmer ins Wohnzimmer. Das Spiegelobjekt „Mirror Angle" ist eine Arbeit von Jeppe Hein. Darin spiegelt sich ein Werk von Anselm Reyle.

erst einmal von mehreren Sperrholz- und Lackschichten befreit werden. Obwohl die Hausverwaltung gegen ein zweites Bad und vor allem gegen Holzböden in den Nasszonen war, konnten Jörg Johnen und Ulrich Wiegmann ihre Wünsche durchsetzen. Anstelle eines Abstellraumes bauten sie im hinteren Teil der Wohnung ein Gästebad ein. Ein Eichendielenboden lässt die Küche und die beiden Badezimmer zu zusätzlichen Wohnräumen werden und schafft mit dem Fischgrätparkett der Wohnräume eine schöne Einheit. Moderne Elemente sind die raumhohen, umbrafarbenen Wandscheiben in den Bädern und im Entrée. Sie kaschieren indirekte Lichtquellen und verbergen die Installationen. Die restlichen Flächen wurden in unterschiedlichen Weißtönen gestrichen. Zum ersten Mal arbeitete Ulrich Wiegmann dabei mit den Pigmentfarben aus der Palette von Le Corbusier, die von der Schweizer Firma kt.COLOR seit einiger Zeit wieder hergestellt werden. In manchen Räumen werden helle Wände von einer dunklen Decke überwölbt, in anderen Zimmern ist es umgekehrt. „Diese Farben haben eine sehr schöne Tiefenwirkung", erläutert der Architekt. „Sie schaffen einen angemessenen Hintergrund für die Kunst." Den Übergang von der vertikalen Wand zur Hohlkehle und Decke verstärkte der Architekt, indem er ein leichtes Profil einputzte, die als Linie im Raum erkennbar ist und die Wände als Kunstpräsentationsflächen abgrenzt. Diesen monochromen Hintergrund ergänzte Jörg Johnen mit schlichten Eichenmöbeln der deutschen Firma E15 und Stuhlklassikern des Dänen Hans J. Wegner und schaffte damit eine minimalistisch anmutende Bühne für seine Kunstsammlung.

Die alte Charlottenburger Wohnung strahlt heute in frischer Eleganz und Leichtigkeit. Der Muff eines ganzen Jahrhunderts ist verschwunden. Die Großzügigkeit wird durch die minimalistische Einrichtung und Farbgebung noch verstärkt. Die neuen architektonischen Elemente wirken nicht aufgesetzt, sondern natürlich.

„Lange Zeit war es bei Renovierungen angesagt, die Nahstellen zwischen Alt und Neu sichtbar zu machen", meint Ulrich Wiegmann. „Genau das haben wir hier zu vermeiden gesucht." Er und Jörg Johnen haben die noble Gründerzeitwohnung logisch und mit viel Feingefühl fortgebaut und damit fit für ein neues Jahrhundert gemacht.

Jörg Johnens Berliner Arbeitszimmer. Die Stehleuchten sind Entwürfe des italienischen Modernisten Gino Sarfatti für die Firma Arteluce. An der Wand rechts hängt ein Werk des kanadischen Künstlers Rodney Graham.

DIE KUNST DES WOHNENS

Oben: Hinter dem Esstisch hängt ein „Date Painting" des Japaners On Kawara, der in dieser Serie das Datum festhält, an dem er das jeweilige Werk schafft.

Unten: Blick aus dem Wohnzimmer ins Esszimmer. Im Hintergrund eine Arbeit des Berliner Künstlers Anselm Reyle aus Rettungsfolie.

DIE KUNST DES WOHNENS

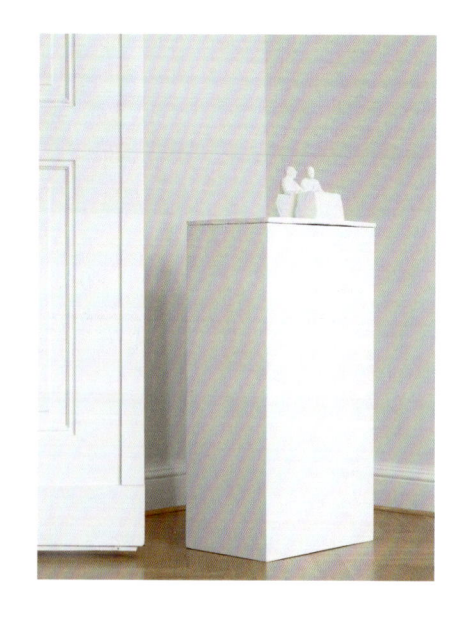

Oben links: Die Vase „Paris" auf Jörg Johnens Arbeitstisch ist ein Design Wilhelm Wagenfelds in bläulichem Rauchglas. Der Stuhl ist ein Entwurf des Dänen Hans J. Wegner.

Oben rechts: In einer Ecke von Jörg Johnens Arbeitszimmer steht eine Skulptur des lettischen Künstlers Janis Avotins.

Rechte Seite: Breite Flügeltüren öffnen sich vom Entree ins Wohnzimmer. Das große Gemälde ist eine Arbeit des jungen Berliner Malers und Bildhauers Olaf Holzapfel. Der Architekt Ulrich Wiegmann hat die ganze Wohnung mit verschiedenen Weißabstufungen aus der Corbusier-Farbpalette gestrichen. Im Wohnzimmer ist die gewölbte Decke dunkler als die Wände.

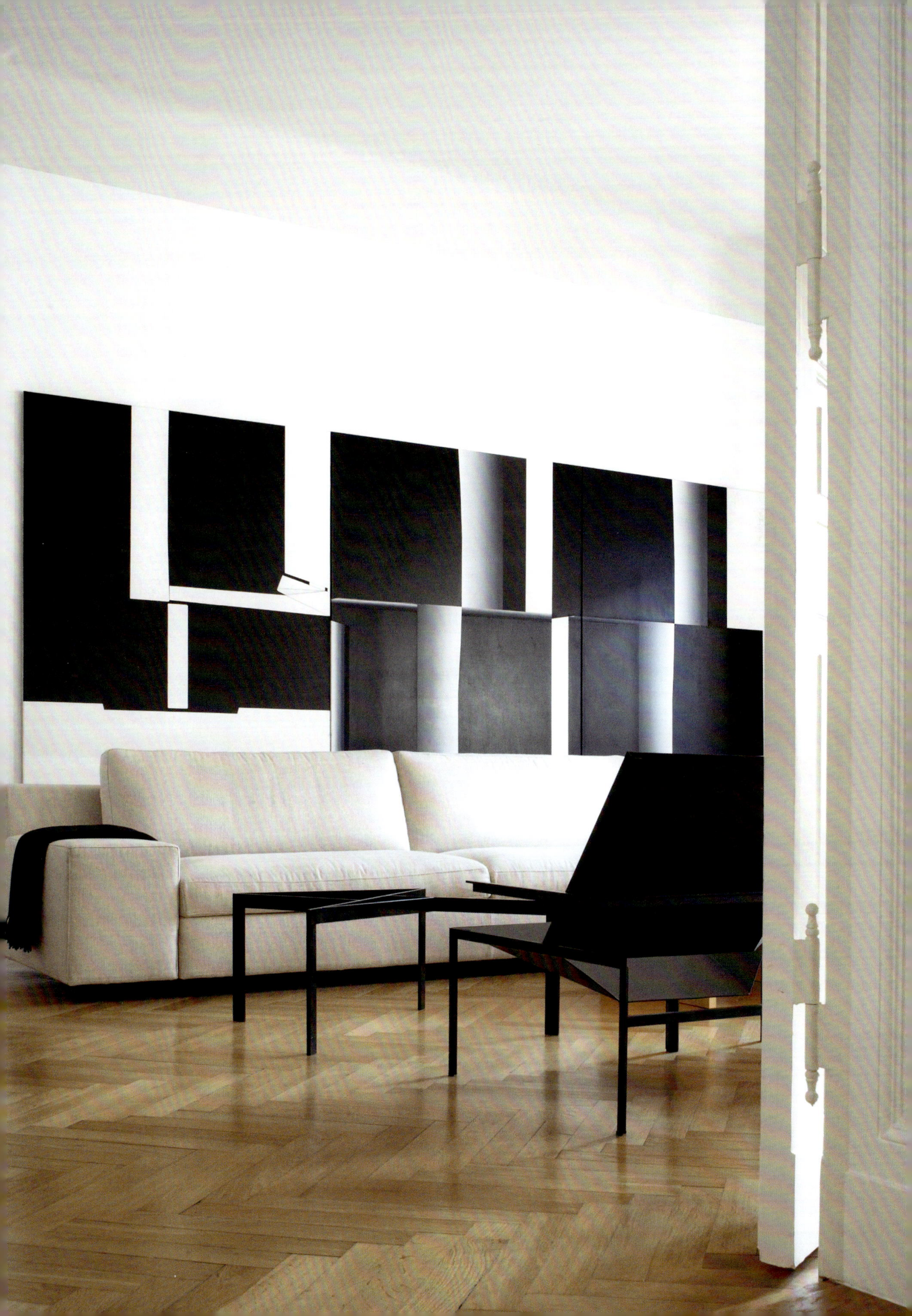

Die Gründerzeitwohnung wurde logisch und mit viel Feingefühl fortgebaut und fit für ein weiteres Jahrhundert gemacht.

DIE KUNST DES WOHNENS

Links: Wie ein kubisches Möbel steht die graue Küchenzeile an der einen Wand des Raumes, der auf Beharren des Bauherrn ein Eichenparkett erhielt. Tisch und Bank aus massiver Eiche stammen aus der deutschen Möbelmanufaktur E15.

Oben links: Selbst das Bad ist in Jörg Johnens Wohnung nicht einfach eine sterile Hygienekammer. Es erhielt einen edlen Eichendielenboden. Die umbrafarbene Wandscheibe enthält Dusche, Toilette und Waschtisch und versorgt den Raum mit stimmungsvollem, indirektem Licht.

Oben rechts: Strenge Formen und Leichtigkeit auch im Schlafzimmer. Die Leuchte ist ein Entwurf des Architekten Ulrich Wiegmann, das Bett stammt von E15. Die beiden Porträts des polnischen Künstler Wilhelm Sasnal stellen die beiden amerikanischen Konzeptkünstler Robert Smithson und Dennis Oppenheim dar.

VINTAGE WORLD

„Ein paar Objekte in unserem
Loft bleiben, andere sind
nur Gäste auf Zeit und werden
irgendwann weiterverkauft."

VINTAGE WORLD

Andrew McDonagh

**Ort: Hackney, London
Gebäude: Schuhfabrik
Baujahr: 1937
Wohnfläche: 100 m²**

In einer ehemaligen Schuhfabrik im Osten Londons glänzen die Lofts nicht mit perfektem Design, sondern mit Authentizität. Andrew McDonagh und Andreas Schmid haben zwischen Holzböden und Backsteinmauern mit Designklassikern der Moderne ihre ganz eigene Wohnbühne geschaffen.

Der berüchtigte Osten Londons ist in Bewegung. Ehemals schäbige Quartiere wie Clerkenwell und Shoreditch gelten heute als chic und trendy. Wer sich hier vor Jahren ein Grundstück, eine Reihenhäuschen oder gar ein altes Lagerhaus gekauft hat, darf sich glücklich schätzen – denn deren Wert ist in wenigen Jahren ums Vielfache gestiegen. Die alte Geschichte vom heruntergekommenen Stadtteil, der von einer kreativen Szene neu belebt wird, sich vom Geheimtipp zum Trendviertel mausert, um schließlich von der Schickeria erobert zu werden, nimmt hier ihren Lauf. Gentrification ist das Stichwort. Die wohlhabenden Broker und Banker der nahen City lassen sich in alten Fabriken edle Lofts einrichten. Und wo es keine alten Industriegebäude gibt, werden kurzerhand neue Lofts erstellt. Die Pioniere hingegen sind weitergezogen. Zum Beispiel nach Hackney, einem Stadtteil noch tiefer im bis vor einigen Jahren nicht eben feinen Osten der englischen Millionenmetropole und mittlerweile einer der neuen ‚Places to be'.

Diese Entwicklung haben auch Andrew McDonagh und Andreas Schmid mitgemacht. Die beiden bewohnten zuvor einen riesigen Loft in den Spitalfields in der City. „Darin hätten wir Fußball spielen können", schwärmt Andreas Schmid, Modedesigner und Antiquitätenhändler. „Aber mit der Beliebtheit des Quartiers stiegen auch die Mieten." Nun sind die beiden, wie so viele andere Kreative, in einen Stadtteil gezogen, der noch mehr Potenzial bietet. „Hackney war, als wir hergezogen sind, noch nicht ganz so aufregend wie die City-nahen Gebiete", erzählt Andreas Schmid, „aber unterdessen kann man es beinahe schon als ‚Notting Hill' des Ostens bezeichnen. Es ist eine tolle Gegend, aber mittlerweile auch sehr jung und laut." In einer ehemaligen Schuhfabrik hat ihnen ein Bekannter einen außergewöhnlichen

FOTOGRAFIE: BRUNO HELBLING

Loft vermittelt: Trotz ihrer Umwandlung in zeitgemäße Stadtwohnungen, haben hier die alten Produktions- und Lagerräume nichts von ihrem ursprünglichen Charme eingebüßt. So wurde das teilweise beschädigte Parkett nicht ersetzt, sondern bloß aufgefrischt, die Backsteinwände ließ man unverputzt, und selbstverständlich blieben die großen Originalfenster

Das Parkett, die unverputzten Backsteinmauern und die Fenster sind Zeugen der industriellen Vergangenheit des Gebäudes. Einzig die Treppe wurde neu eingebaut. Der 60er-Jahre-Kunststoffstuhl und die Leuchte aus gesponnen Plastikfasern sind Flohmarktfunde.

mit ihren reizvollen Metallrahmen erhalten. Die neuen Einbauten beließ man dementsprechend brachial. Der Mittelgang, durch den sämtliche Lofts erschlossen sind, macht den Anschein, als ob die Handwerker mittendrin die Arbeiten eingestellt hätten; Leitungen liegen frei, die Mauern sind nicht verputzt.

„Der Ausbau ist sehr simpel", schwärmt Andrew McDonagh, „dadurch wurden die alten Strukturen nicht zerstört." Die Bewohner der einstigen Schuhfabrik sind froh, dass ihnen keine durchgestylten Lofts vorgesetzt wurden und die großzügigen Wohnräume somit erschwinglich blieben. Kein Wunder, dass das Projekt viele Künstler und Kulturschaffende angezogen hat. Vor ein paar Jahren kürte die Modezeitschrift „Vogue" das Gebäude gar zum „most fashionable building" von London.

Den Loft von Andrew und Andreas erreicht man über den Korridor im ersten Stock der alten Manufaktur. Auf dieser, der Eingangsebene des Lofts, befinden sich lediglich das Schlaf- und das Badezimmer. Eine Treppe führt hinunter in den großen Hauptraum im Erdgeschoss, der sich über die ganze Breite des Gebäudes zieht. „Wir wohnen nicht eben puristisch", lacht Andrew McDonagh, „obwohl wir im Herzen Puristen sind." Tatsächlich kann der Besucher sich in dem auf beiden Seiten mit großen Fenstern versehenen Raum gar nicht satt sehen. In jeder Ecke entdeckt man Designtrouvaillen aus dem 20. Jahrhundert. Alte Lüster ohne Kristallperlen, Büroleuchten aus den 1950er-Jahren oder überdimensionierte Schreibtischlampen werfen ihr Licht auf Sammlerstücke von Joe Colombo oder Charles und Ray Eames. Wildorganisch geformte Kunststoffstühle unbekannter Herkunft aus den 1960er-Jahren bilden Stillleben mit skandinavischem und englischem Nachkriegsdesign. Überall stehen Vasen, deutsches Geschirr, finnisches Glas und kleine Kunstwerke. Auf einem Schreibtisch in der Ecke stapeln sich Bücher und Krimskrams. Darüber hängen alte Bilderrahmen, teilweise mit, teilweise ohne Inhalt. Ein Holzsideboard aus der Mitte des letzten Jahrhunderts trennt den Ess- und Wohnbereich und dient als Ausstellungsfläche für kleine Kostbarkeiten aus fernen Ländern, Vasen und noch mehr Leuchten. Die Küche haben die Bewohner selbst an einer Längswand direkt im Wohnraum installiert. Sie besteht aus Teilen alter Industrieküchen, Krankenhausarmaturen und Keramikwaschbecken.

„Auf dem Flohmarkt in Brick Lane hat alles angefangen", schmunzelt Andreas Schmid. Als

VINTAGE WORLD

Modedesign-Student hatte er begonnen, mit Secondhand-Ware zu handeln und sich damit seine Ausbildung zu finanzieren. Heute betreibt der Deutsche diesen Handel hauptberuflich: Er führt ein kleines Geschäft im berühmten Alfie's Antique Market im Zentrum Londons. So ist er natürlich ständig an der Quelle und bringt immer mal wieder ein neues Fundstück nach Hause. „Einige Sachen in unserem Loft bleiben", erzählt Andrew McDonagh, „andere stehen eine Weile hier und werden dann wieder verkauft." In einer Stadt, die sich stets neu erfindet, deren Quartiere sich konstant wandeln, bleiben wohl auch die Bewohner flexibel.

Oben: In der oberen Etage des zweitstöckigen Lofts befinden sich Schlaf- und Badezimmer.

Oben: Stillleben mit Vintage Design aus dem 20. Jahrhundert.

Rechte Seite oben: Loftleben pur. Riesige Fenster erhellen den hallenartigen Raum im unteren Stock. Die Bewohner haben ihn mit Antiquitäten des 20. Jahrhunderts bestückt. Der Sessel „Elda" von 1963 stammt von Joe Colombo, der Tisch „Tulip" von Eero Saarinen. Die Glasleuchter „Festivo" sind ein Design des Finnen Timo Sarpaneva von 1967.

Rechte Seite unten: Im Kopfbau der ehemaligen Schuhfabrik in Hackney befinden sich heute Ateliers. Gewohnt wird im hofseitigen Trakt.

VINTAGE WORLD

Vor ein paar Jahren wurde die alte Schuhfabrik zum „most fashionable building" von London gekürt.

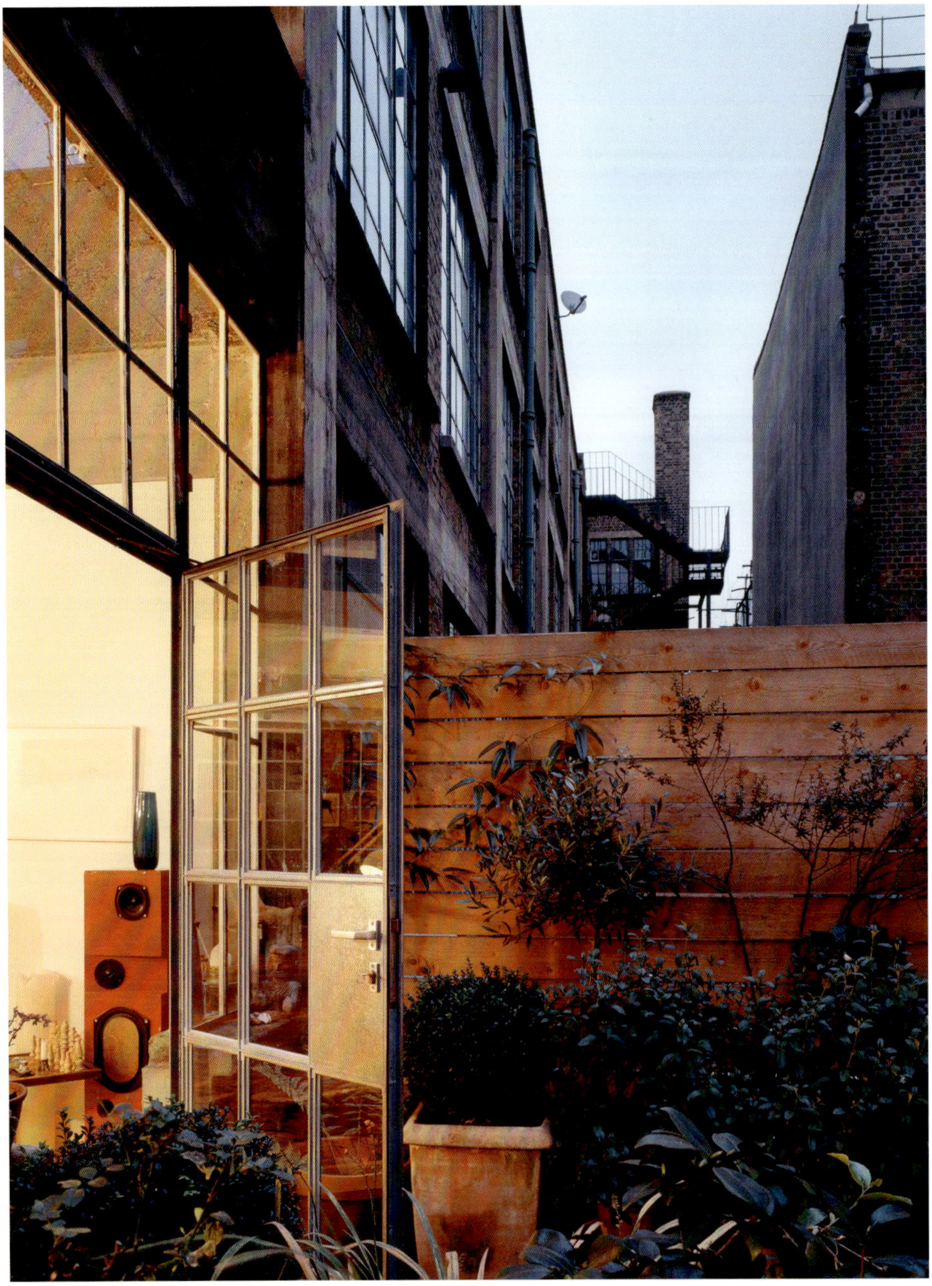

**Rohe Backsteinmauern,
alte Holzböden und originale
Metallfenster sorgen
für pure Industrieromantik.**

Linke Seite: Ein Hauch von Charles Dickens. Die ehemalige Industrieatmosphäre ist noch spürbar. Heute beherbergt der alte Innenhof Loftgärten.

Oben: Andrews Arbeitsecke wurde mit einem formschönen Friseur-Stuhl aus den 1970er-Jahren bestückt.

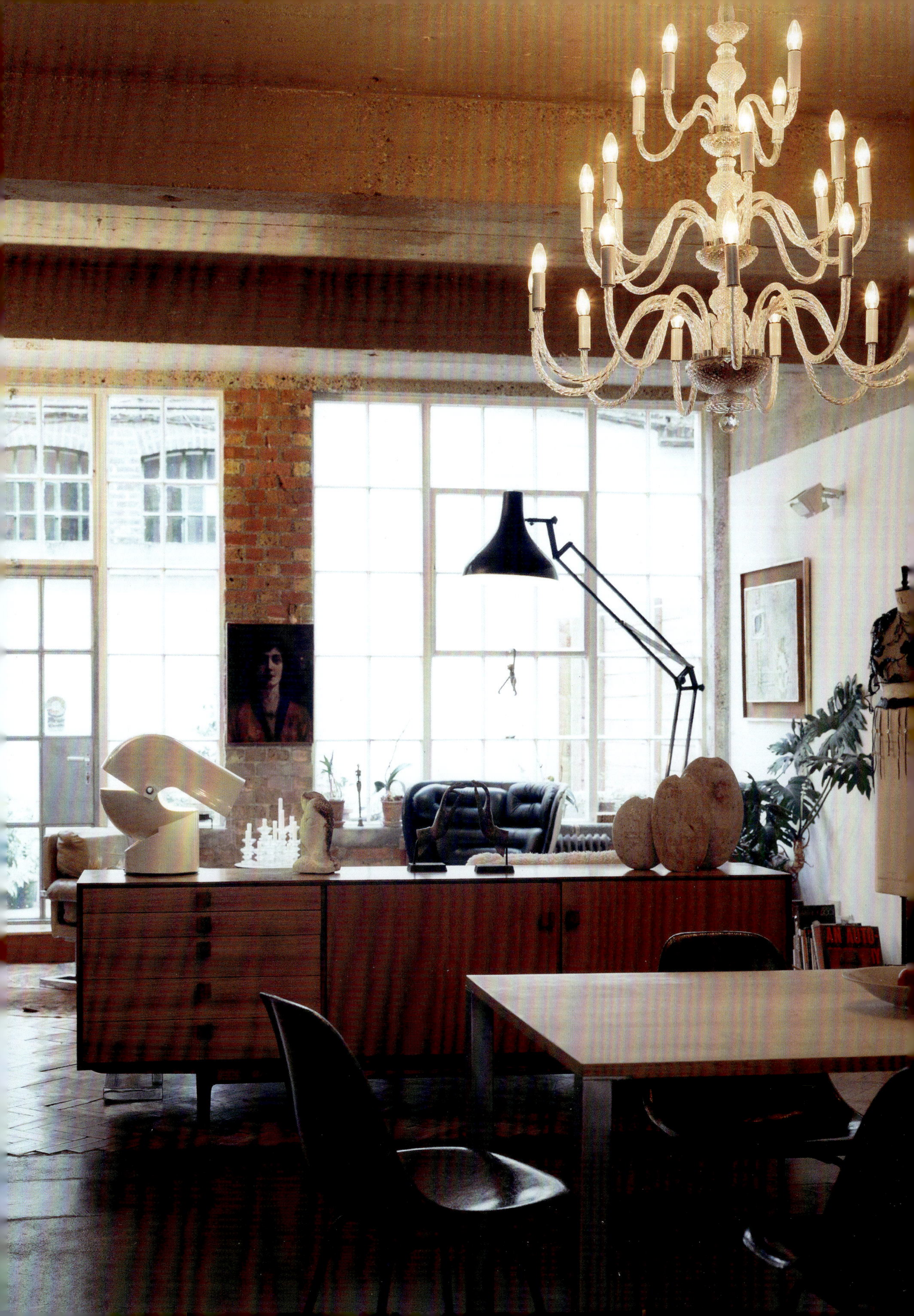

VINTAGE WORLD

Linke Seite: Der Leuchter, der aus ästhetischen Gründen seine Kristallperlen lassen musste, ist das Geschenk einer Freundin, der Tisch wurde von einem befreundeten Designer (Rainer Spehl) entworfen. Die Stühle sind Originale aus Fiberglas von Charles und Ray Eames.

Oben: Die schlichten Einbauten im Badezimmer sind aus Holz und Plexiglas und stammen von Designer Rainer Spehl.

Unten: Schlichte Tonvasen aus den 1950er-Jahren.

„Ich wollte an das Erbe des innovativen Wohnbaus in Los Angeles anknüpfen und zugleich mit der lokalen Architekturtradition brechen."

DER DRACHE IM CANYON

Qingyun Ma

Ort: Pasadena, USA
Gebäude: Bungalow mit Anbau
Baujahr: 1953/2010
Wohnfläche: 530 m²

Mid-Century modern trifft auf „2001: A Space Odyssey". Das schicke Pasadena in Los Angeles County besticht nicht nur mit einer bekannten Designschule, Raumforschung und großartigen Museen, sondern auch mit wilden Canyons. Hier hat der chinesische Architekt Qingyun Ma einen typischen Bungalow der kalifornischen Moderne gekauft und um einen futuristischen Anbau ergänzt.

Mit 30 hat er zum ersten Mal das Meer gesehen. Qingyun Ma lächelt verschmitzt. „Ich bin im chinesischen Hinterland geboren und habe mich nie richtig mit der See anfreunden können. Für mich sind Hügel und Berge viel wichtiger als Wasser." Als der chinesische Architekt vor ein paar Jahren von Shanghai an die University of Southern California (USC) berufen wurde, suchte er deshalb nicht die Nähe zur Küste, sondern richtete seinen Fokus auf den hügeligen Gürtel, der den Großraum Los Angeles umgibt. „Ich habe mich immer schon für die kalifornische Architektur interessiert", erzählt Qinyun Ma, „und freute mich, die Umgebung zu erkunden und nach einem geeigneten Zuhause zu suchen."

Bereits auf seiner zweiten Fahrt durch die erhöhten Wohngegenden rund um das Los Angeles County stieß er auf ein interessantes Objekt in einem Canyon von Pasadena: Hier stand ein origineller Bungalow im typischen Stil der kalifornischen Moderne. Außergewöhnlich war zudem die Lage des Grundstücks in einem schmalen, natürlichen Seitental des Canyons, das abrupt in einem steilen Abhang endet und eine einmalige Aussicht auf die weite Ebene des großstädtischen Konglomerats bietet. „Bei meiner Suche hatte ich immer Julius Shulmans klassische Schwarzweiß-Fotografie moderner Architekturikonen im Kopf", sagt der Architekt. „Hier sah ich meine Vision plötzlich verwirklicht. Es war diese typische Aussicht auf Los Angeles, ein Lichterteppich in der Nacht, die mich damals sofort überzeugt hat."

Ein weiterer Vorteil des Grundstücks war, dass es genügend Raum bot, um das bestehende Gebäude um einen Neubau zu erweitern. Der Bungalow stammt aus dem Jahr 1953 und wurde von einem amerikanischen Architekten namens Arthur Leslie erbaut, einem Absolventen der

FOTOGRAFIE: JAMES CARRIÈRE

USC, derselben Universität an der Qingyun Ma heute Dekan ist. Das Gebäude war im Auftrag der Chefredakteurin eines lokalen Magazins entworfen worden und diente dieser in erster Linie für Empfänge und Partys. „Da das Haus für soziale Anlässe und den kommunikativen Austausch konzipiert worden war, wollte ich es auch in diesem Sinne renovieren", erläutert Ma sein

Oben & rechte Seite: Das Stück Erdreich vor dem Fels bietet Lebensraum für Kakteen, die hier wild wachsen. Auf dem Sideboard steht ein Modell des Erweiterungsbaus. Zentrum des Wohnraums ist ein riesiger Esstisch, der für Qingyun Mas Studenten auch mal zum Arbeitstisch wird. Im Hintergrund der Fels, der in den 1950er-Jahren beim Bau des Hauses integriert wurde. Den originalen Terrazzoboden sowie die Holzelemente ließ der Architekt vorsichtig restaurieren.

Erneuerungskonzept. „Ausserdem wollte ich den Charakter des Mid-Century bewahren und natürlich den dramatischsten Aspekt des Hauses stärker herausstreichen: den Fels im Wohnzimmer." Der großzügige Wohnraum nimmt den Hauptteil des älteren Baus ein und öffnet sich mit einer komplett verglasten Fassade zum rückwärtigen Garten und der Aussicht auf die Stadt. Noch eindrücklicher aber ist der rohe Fels, der eine ganze Seite des Raumes einnimmt und um den herum der ursprüngliche Architekt das Wohnhaus gebaut hatte. Zwischen dem Ende der Raumdecke und dem Fels befindet sich ein Oberlicht, welches die südkalifornische Sonne über die raue Oberfläche des Steins spült und indirekt das Haus erhellt. An seinem Fuß, verborgen hinter einer kleinen Betonmauer, befindet sich ein halber Meter Erdreich, in dem Kakteen wachsen. In dem trockenen Boden und unter der Hitze des Glases gedeihen die einheimischen Pflanzen prächtig. Die Mauer selbst ist im hinteren Bereich als Sideboard mit Schränken ausgebildet, zum Garten hin wird sie zur Sitzbank.

Qingyun Ma hat die originalen Elemente des Raumes – vom Terrazzoboden, über die offene Küche mit Bar bis zu den holzverkleideten Wänden – sorgsam restaurieren lassen und diesen Teil des Hauses zum öffentlichen Zentrum gemacht. Dazu kommt ein zweiter, intimerer Wohnraum mit großem Backsteinkamin und passendem olivgrünem Hochflorteppich – ästhetische Huldigung an die 1960er-Jahre. Der Altbau allein wäre für Qingyun Ma und seine Familie – Ehefrau Shouning und die gemeinsamen Söhne Victor und Phillip – allerdings viel zu klein gewesen, weshalb der Architekt einen Anbau entwarf. „Ich wollte an das Erbe des innovativen Wohnbaus in Los Angeles anknüpfen und zugleich mit der lokalen Architekturtradition brechen", erläutert er. „Mir schwebte etwas Merkwürdiges und Fremdes vor, das sich trotzdem gut in die Umgebung fügt."

Wo sich der Bungalow von 1953 bescheiden in die Landschaft duckt, holt Qingyun Ma 50 Jahre später zur großen Geste aus: Im steilen Gelände des Seitencanyons schlägt er von dem bestehenden Gebäude aus wortwörtlich eine Brücke über das Grundstück. „Der Neubau hat ein Doppel-T-Profil und eine Stütze auf der anderen Seite – genau wie eine Brücke", erklärt Ma. Darauf ruht, von außen nicht erkennbar, eine leichte Holzkonstruktion. „Ich nutze in

DER DRACHE IM CANYON

meinen Bauten alle Möglichkeiten um hybride und überraschende Strukturen zu schaffen", meint der Architekt. Von außen gesehen darf seine Architektur dann durchaus wieder skulptural und wie aus einem Material gebaut wirken. Das Haus in Pasadena etwa hat er mit einem dunkel-violett bis anthrazitfarben changierenden Spritzbeton überziehen lassen, der an die raue Haut einer Echse erinnert. Ein chinesischer Drache in Kalifornien? Qingyun Ma lächelt nur.

Der Erweiterungsbau sollte nicht nur zusätzlichen Wohnraum schaffen, sondern auch das Potenzial des Geländes besser nutzen und die Landschaft in das Design einbeziehen. Der neue Teil öffnet sich mit scheinbar zufällig platzierten Kugelfenstern – einer weiteren Reminiszenz an die Science-Fiction-Ästhetik der 1960er-Jahre – zur Natur. Mal blickt man auf einen Hang voll wilder Agaven, mal in eine Gruppe Palmwedel vor kalifornisch blauem Himmel oder einen duftenden Eukalyptusbaum. Dann wieder öffnet sich die Sicht unvermittelt auf das städtische Panorama und den San-Gabriel-Gebirgszug in der Ferne.

Auf dem Grundstück fanden auch zwei Gärten Platz. Einmal vor dem Altbau, wo das Gelände ein natürliches Dreieck bildet und sich Richtung Abgrund verjüngt. Entlang der Felswand ließ Qingyun Ma einen leicht erhöhten und sich ebenfalls verjüngenden Swimmingpool anlegen, der die dynamische Perspektive noch verschärft und die Aussicht stärker in den Fokus rückt. Vom ersten Garten fällt seitlich ein steiler Hang ab, den Ma als begrünte Betontreppe ausgebildet hat, und endet unter dem Neubau, wo Bäume, Topografie und Architektur zusammen einen geschützten Sitzplatz einfassen.

Qingyun Ma ist es gelungen, sowohl auf die lokale Geschichte wie auch die topografischen Besonderheiten des kargen Hinterlandes von Los Angeles einzugehen und dabei etwas völlig Neues zu schaffen. Sein Neubau wurde in der Nachbarschaft wie auch in Kollegenkreisen mit Staunen und Wohlwollen aufgenommen. Damit hat der chinesische Architekt ein weiteres Ziel erreicht: Sich einerseits mit den lokalen Bauprozessen vertraut zu machen, auszuloten, wie die öffentliche Anerkennung in Kalifornien funktioniert, und schließlich, wie man mit beiden umgeht, um optimale Resultate zu erzielen. Man darf also auf weitere Arbeiten des Büros MADA s.p.a.m. gespannt sein.

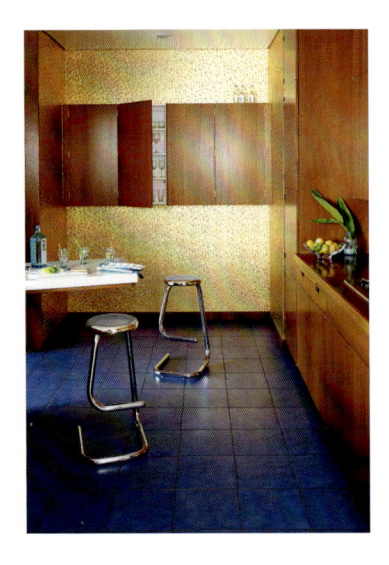

Eine chinesische Goldtapete verleiht der Küche im alten Trakt – dem dunkelsten Teil des Hauses – Glanz und Helligkeit. Die großformatigen blauen Keramikplatten ergänzen das dunkle Holz der Schränke, die Ma den Originaleinbauten nachempfinden ließ.

DER DRACHE IM CANYON

Links: Den Übergang zwischen Alt- und Neubau hat der Architekt messerscharf gezeichnet. In der runden Öffnung steht eine antike Keramikfigur einer Chinesin zur Zeit der Tang-Dynastie. Das Bild ist eine Arbeit des chinesischen Künstlers Xiaoning Fu.

Unten: Wie früher nimmt der Wohnraum den größten Teil des Altbaus ein. Er bietet Platz für einen riesigen Esstisch, einen Loungebereich sowie einen Frühstückstisch bei der breiten Fensterfront. Zum Sitzen laden die Meister der Moderne von Mies van der Rohe über Eero Saarinen bis Charles und Ray Eames. Die Bilder an der restaurierten Holzwand stammen von dem chinesischen Künstler Bai Ye aus Xi'an, dessen Thema abstrakte Muster aus der chinesischen Mythologie ist.

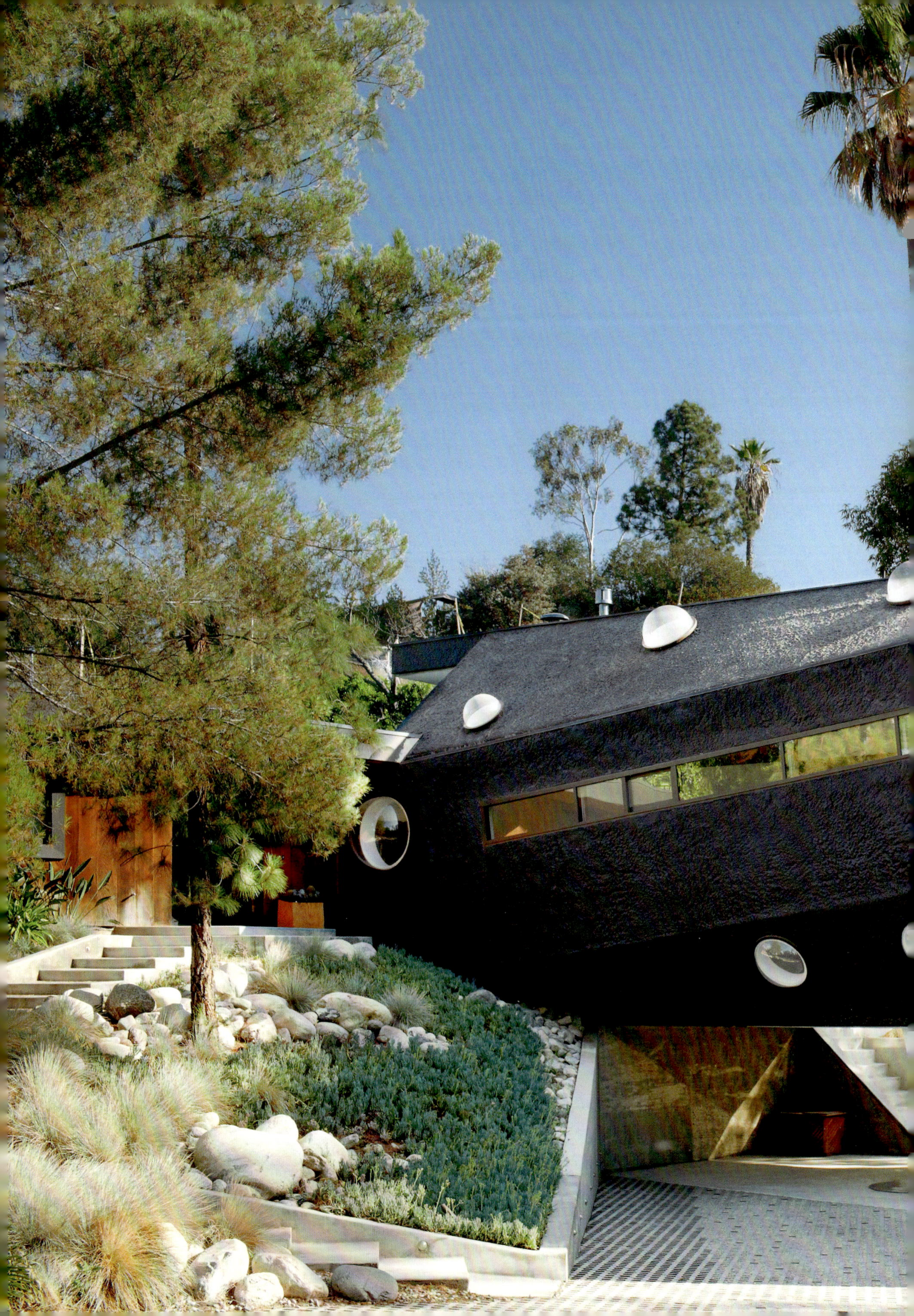

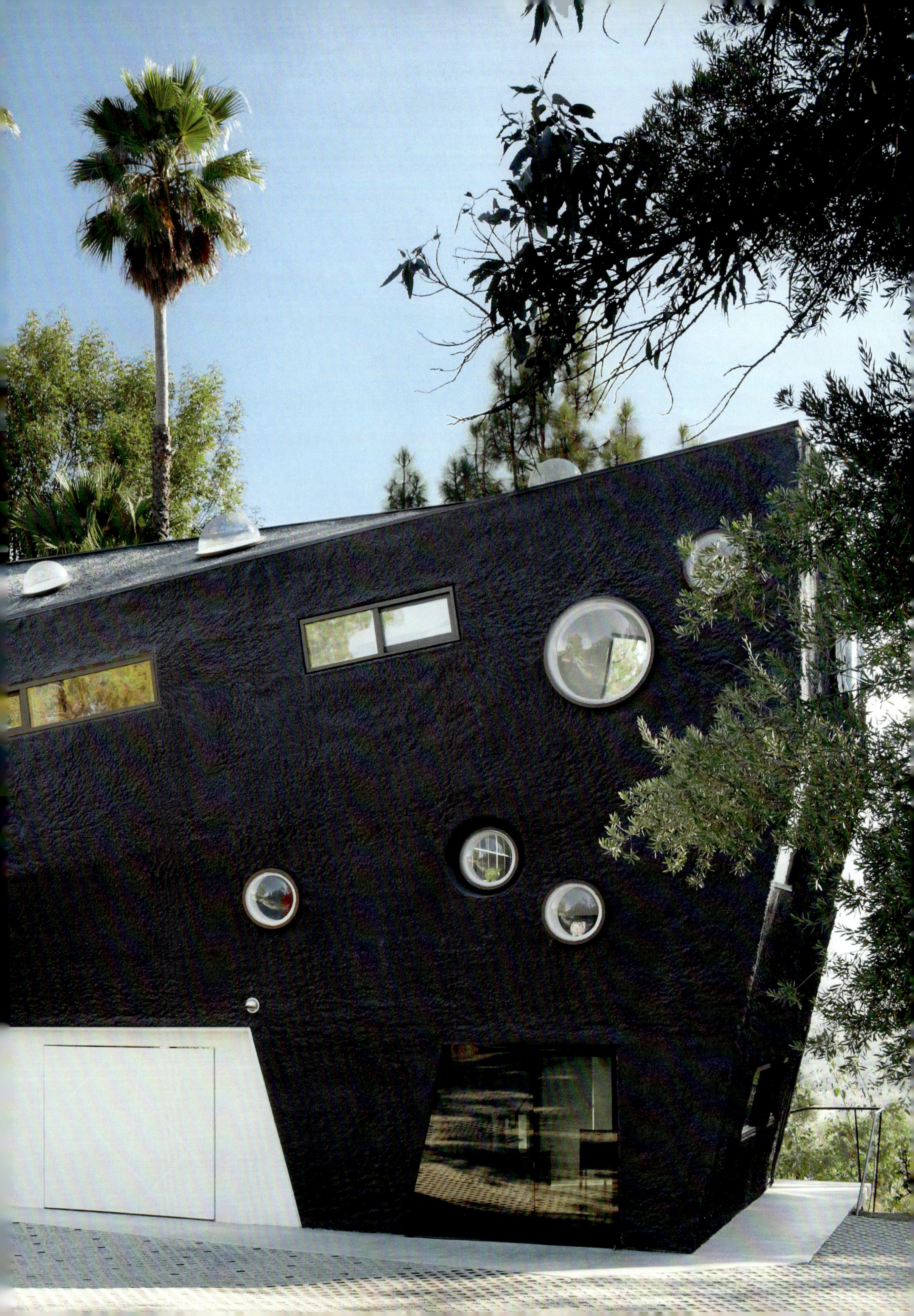

DER DRACHE IM CANYON

Vorherige Doppelseite: Der Tradition des innovativen Wohnbaus in Los Angeles wollte der chinesische Architekt Qingyun Ma etwas völlig Neues und Überraschendes hinzufügen. Sein raumschiffartiger Anbau an einen Mid-Century-Bungalow fügt sich mit seiner dunkelvioletten Drachenhaut aus Spritzbeton überraschend gut in die Canyonlandschaft Pasadenas.

Oben: Das obere Stockwerk des Neubaus erreicht man über eine Rampe. Der lichtdurchflutete Erschließungsraum dient zugleich als private Galerie, in welcher Qingyun Ma vor allem junge chinesische Kunst ausstellt.

Rechts: Eine kreisrunde Öffnung im Fenster zwischen Schlafzimmer und Rampe ist zugleich architektonische Irritation und Lüftung.

Rechte Seite: Am Ende der Rampe ins Obergeschoss holen runde Fenster mit halbkugelförmigen Ausstülpungen das Licht herein und erhellen ein Kunstwerk von Xiaobai Su. Die Figuren haben autistische Kinder gefertigt, mit denen der Künstler arbeitet.

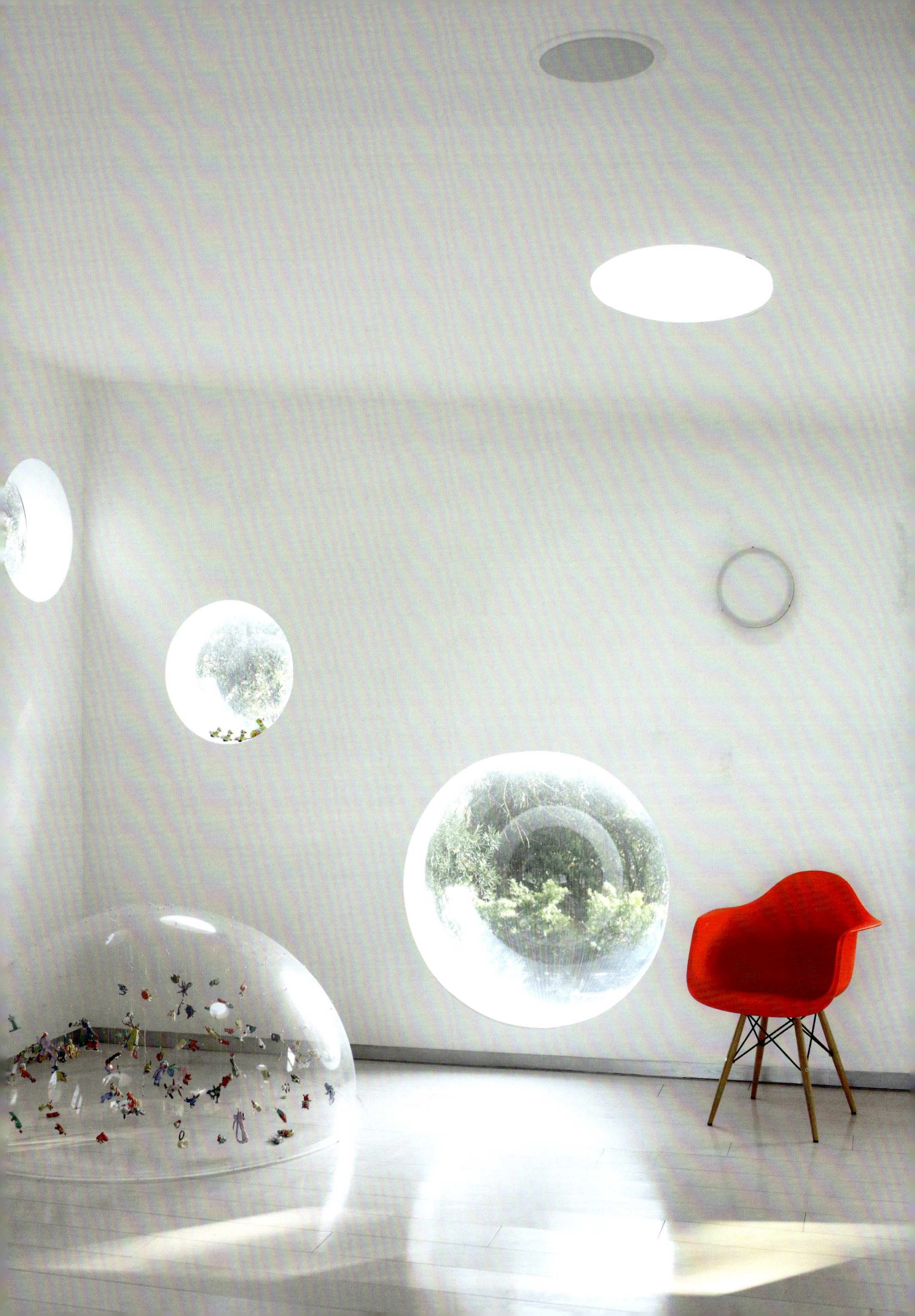

Der Neubau wurde von Nachbarn und Kollegen mit Staunen und Wohlwollen aufgenommen.

DER DRACHE IM CANYON

Links oben: Über den eingebauten Geräten in der neuen Küche hängt eine Bilderserie der taiwanesischen Künstlerin Aili Chen.

Links unten: Elternschlafzimmer und -bad sind mit einer Glaswand, die sich bei Bedarf mit einem Vorhang schließen lässt, verbunden. Der kühle Marmor ist in den heißen Temperaturen in Südkalifornien willkommen.

Das Fenster über dem Kopfende des Bettes geht auf den zweistöckigen Erschließungsraum mit der Rampe.

Oben: Von der Auffahrt führt eine Türe direkt in die neue Küche im Erdgeschoss des Neubaus. Die Küche ist ein Entwurf von Qingyun Mas Ehefrau Shouning. Die Fronten sind hochglanzlackiert, die Arbeitsflächen und der Esstisch bestehen aus Marmor.

ARTS & CRAFTS

„Meine Wohnung ist eine
Leinwand für die wichtigen
Dinge in meinem Leben:
die Kunst und das Design."

ARTS & CRAFTS

Marco Sala

Ort: Porta Venezia, Mailand
Gebäude: Krawattenfabrik
Baujahr: 1900
Wohnfläche: 400 m²

Eine alte Krawattenfabrik im Zentrum von Mailand ist dem italienischen Globetrotter Marco Sala Heimathafen und Schatzkammer für seine eindrückliche Sammlung moderner Kunst und Design des 20. Jahrhunderts.

Zwischen den historischen Fassaden im Quartier um die Porta Venezia ist der richtige Eingang schnell gefunden: Ein modernes Tor aus kunstvoll geschmiedetem Eisen hebt das alte Industriegebäude in einer kurzen Sackgasse voller Jugendstilgebäude zusätzlich hervor. Wir klingeln, und nach einer Weile öffnet uns ein Herr, ganz offensichtlich ein Gentleman alter Schule, und bittet uns freundlich herein. Willkommen im Kunstreich von Marco Sala, Weltreisender und Liebhaber der modernen Kunst. Marco Sala ist Italiener, im Zeichen der Waage und am selben Tag wie Michelangelo Antonioni und Marcello Mastroianni geboren und mit den typischen Eigenschaften der Trägheit sowie Kreativität ausgestattet, wie der pensionierte Ingenieur scherzt. Aufgewachsen in Cremona, arbeitete er während 23 Jahren in Mailand. „Richtig zu leben begonnen habe ich aber erst vor knapp zwei Jahrzehnten", sagt er mit einem Lächeln. „Ich habe aufgehört zu arbeiten und angefangen die Welt zu bereisen." Auf einer jener Reisen entdeckte er in der Stadt Rhodos auf der gleichnamigen griechischen Insel ein wunderschönes Haus aus dem 15. Jahrhundert, welches er kaufte und in den folgenden Jahren in ein Hotel umwandelte. Heute führt ein Freund Salas die „Marco Polo Mansion", die mittlerweile auch um ein Restaurant ergänzt wurde.

Neben einem weiteren Haus auf der griechischen Insel besitzt der Mailänder auch mehrere Wohnungen in Rio de Janeiro. Die Appartements befinden sich in einem Art-déco-Gebäude im Copacabana-Quartier nahe des Strands, einer Gegend, die der Italiener seit Jahren liebt. Er hat die hellen Appartements sorgfältig renoviert, mit originalen Möbeln aus der Zeit ausgestattet, die er auf den bunten Märkten und Shops von Rio zusammengetragen hat, und vermietet sie als Ferienwohnungen. Heute teilt der Italiener sich die Zeit zwischen der brasilianischen Metropole und Europa und verbringt das Winterhalbjahr jeweils in Südamerika. „Ich liebe

FOTOGRAFIE: ANTONIO MANISCALCO

das Land, das Klima und die Leute dort – und das Leben ist so viel aufregender in Brasilien", schwärmt er.

Sein eigentliches Zuhause befindet sich jedoch in der alten Mailänder Krawattenfabrik aus dem späten 19. Jahrhundert, die eine ebenso spannende Geschichte hat wie ihr Bewohner. Nachdem der Textilbetrieb eingestellt worden war, diente die alte Manufaktur in den 1950er-Jahren als Tanzclub, bevor ein berühmter Politiker sie schließlich in ein Bürogebäude umwandelte und hier jahrelang sein Hauptquartier hatte. Als Marco Sala das Gebäude vor gut einem Jahrzehnt zusammen mit einem Freund erwarb, waren die drei großzügigen Stockwerke komplett mit kleinen Arbeitsnischen verstellt. Die neuen Besitzer teilten das ehemalige Industriegebäude unter sich auf: Marco Salas Freund eröffnete im rückwärtigen Teil eine Kunstgalerie, während er selbst den Vorderteil in drei Wohnungen umwandelte. Die mittlere – im ersten Obergeschoss – behielt er für sich selbst.

Als erstes ließ Marco Sala sämtliche Einbauten herausreißen und den Raum wieder auf seine ursprüngliche Einfachheit zurückbauen. Daraufhin wurden neue Wände eingezogen, sodass vier geräumige Zimmer entstanden, welche aber die Großzügigkeit und das industrielle Ambiente bewahrten: Eine Bibliothek, ein Wohn-, ein Speise- sowie ein Schlafzimmer. Dazu kommen zwei Bäder, eine Küche und ein kleines Gästezimmer. Sämtliche Wände und Decken erhielten einen weißen Anstrich, die Zementböden einen hellgrauen Kunstharzbelag. „Ich wollte eine schlichte Leinwand für die wirklich wichtigen Dinge in meiner Wohnung schaffen", sagt Marco Sala, „die Kunst und das Design. Luxus brauche ich in meinem Zuhause keinen."

Den Gentleman-Globetrotter zieht es auf seinen Reisen ebenso in Kunstgalerien wie auf Flohmärkte. Mit Vorliebe kauft er Objekte in völlig unterschiedlichen Stilen, um sie zuhause neu zu kombinieren. Da gibt es seine Kunstsammlung des 20. Jahrhunderts – vor allem abstrakte und konkrete Kunst –, aber auch zahlreiche Werke von zeitgenössischen Künstlern, italienisches Design des Mid-Century modern sowie Volkskunst, vorwiegend von seinen Reisen durch Afrika und Indien. Inmitten dieser eindrücklichen Sammlung bestehend aus Kunst und Designobjekten stechen drei mächtige Türen heraus, welche Wohn-, Ess- und Gästezimmer verbinden. Es handelt sich um speziell angefertigte Arbeiten des italienischen Plastikers Michele Festa. Um sie in die Wohnung zu bekommen, musste eine ganze Wand herausgebrochen werden, denn sämtliche Fenster und Türen der Fabrik waren dafür zu klein.

Während man als Gast aus dem Staunen nicht mehr herauskommt und von Objekt zu Objekt wandert, stößt man auch auf Aquarelle und Zeichnungen, die von Marco Sala selbst stammen. „Ich bin in allem bewandert", zuckt er lächelnd die Schultern, „bin aber in nichts wirklich brillant." Ingenieur, Maler, Dichter und Kunstsammler – Marco Sala lässt sich auf seinen Reisen im Allgemeinen und im Besonderen in den zahllosen Museen und Kunstgalerien in der ganzen Welt inspirieren. „Ich glaube behaupten zu dürfen, dass ich sozusagen jedes Museum dieser Welt besucht habe!", erzählt er stolz. Man glaubt ihm aufs Wort.

Rechte Seiten oben: Der Eingangsbereich im Erdgeschoss gibt bereits einen Vorgeschmack darauf, was einen in den Wohnräumen einen Stock höher erwartet: Hohe weiße Wände und ein grauer Zementboden, die als Rahmen für eine außergewöhnliche Sammlung von Kunst und Design dienen. Das große Gemälde an der rechten Wand stammt von Aurelio Sartorio. Die weiße Installation über der Tür ist eine Arbeit von Gino Luggi.

ARTS & CRAFTS

Links: Auf dem Sideboard in der Bibliothek steht eine Sammlung hölzerner Kopfstützen aus Afrika, daneben eine Stahlskulptur von Igino Legnaghi. Das Gemälde darüber stammt von Enrico Della Torre.

Rechts: Die Skulptur im Entree ist ein Werk des in Paris lebenden Künstlers Ruggero Pazzi. Das Holzobjekt auf dem Metallständer ist ein afrikanisches Spiel. Das Gemälde an der linken Wand stammt vom Südtiroler Künstler Arthur Kostner.

ARTS & CRAFTS

Eine Sitzecke im Esszimmer. Der Sessel ist aus den 1950er-Jahren – Marco Sala ließ ihn neu überziehen. Das große Gemälde an der Wand links ist eine Arbeit von Ugo Maffi. An der rechten Wand hängen (von unten nach oben) ein Gemälde von Gaetano Bonelli, zwei Reliefs von Arturo Bonfanti sowie eine Zeichnung von Alberto Viani. Die Metallskulptur rechts stammt von Natalino Andolfatto. Auf dem Sideboard steht eine Skulptur von Mario Negri.

ARTS & CRAFTS

Oben: Bibliothek und Wohnzimmer sind durch zwei große Öffnungen verbunden. Die vier Objekte an der Wand (von oben nach unten): ein Gemälde von Arthur Kostner, ein Bild von Pompeo Pianezzola, die Türe eines Weizenspeichers der Dogon und eine Arbeit des britischen Künstlers Victor Pasmore.

Unten: Man betritt die Wohnung im ersten Stock in der großzügigen Bibliothek. Das Sofa ist ein Original aus den 1950er-Jahren und stammt aus einem Hotel in Rom. Die Holzmaske zwischen den Fenstern ist ein seltenes Artefakt des westafrikanischen Dogon-Stammes. Daneben hängen eine Arbeit des russischen Künstlers Pavel Mansouroff und darunter eine Korantafel. Der Stoff über dem Bücherregal ist afrikanisch.

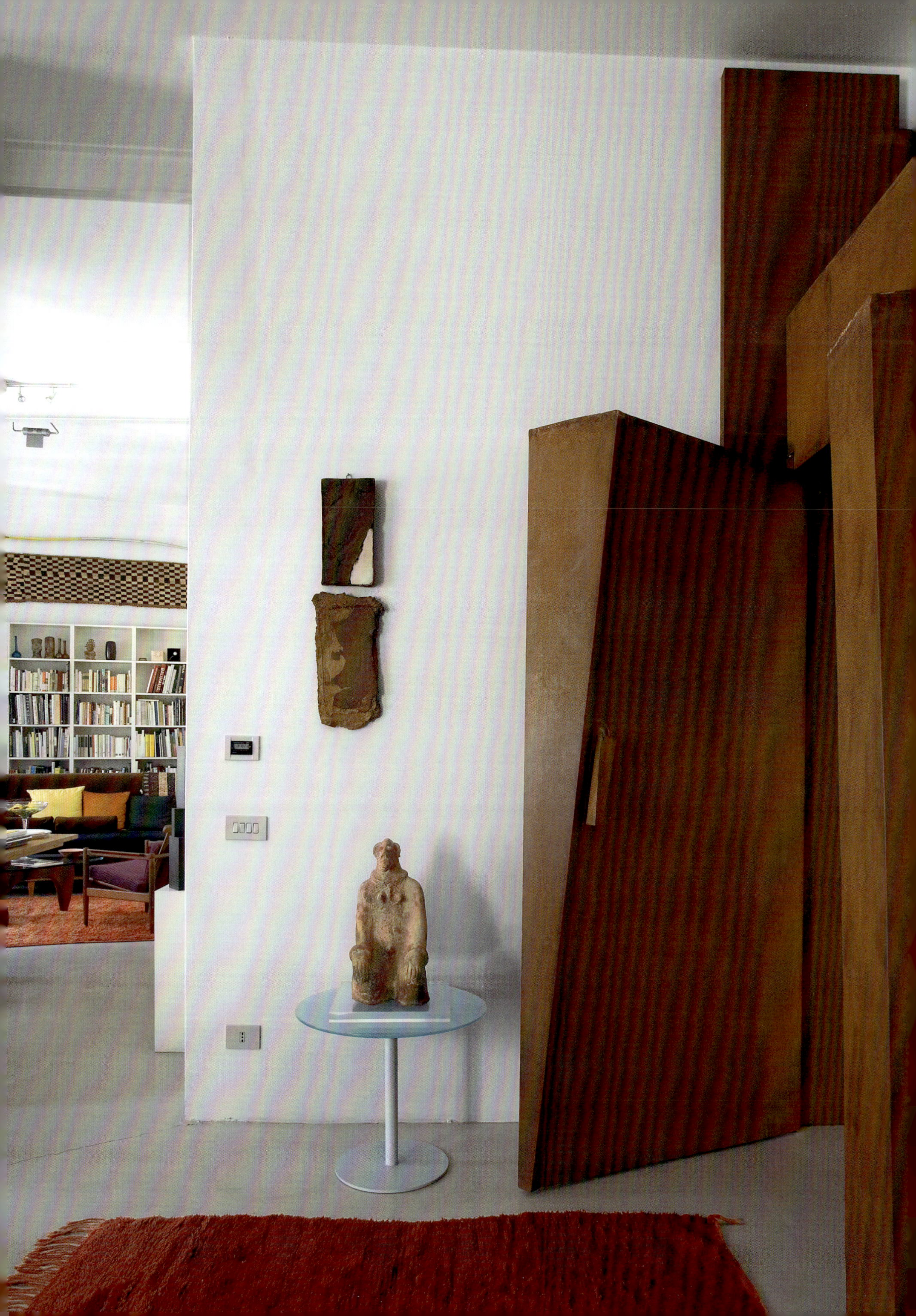

ARTS & CRAFTS

Kunst und Design des 20. Jahrhunderts schaffen eine harmonische Wohnwelt.

Linke Seite: Neben der Eisentüre von Michele Festa steht eine antike Keramik aus Afrika. An der Wand darüber hängen zwei Skulpturen aus Terrakotta von Nanni Valentini.

Oben rechts: Auf einem Loungetisch im Wohnzimmer hat Sala Vasen vereint, die er auf Floh- und Antikmärkten zusammengetragen hat.

Unten links: Wohn- und Esszimmer verbindet ein auf Maß gefertigtes Eisentor des Bildhauers Michele Festa. Das Wohnzimmer ist mit Berberteppichen und Mobiliar des Mid-Century modern ausgestattet. An der rechten Wand hängt ein Triptychon von Agostino Bonalumi, an der linken ein Gemälde von Gaetano Bonelli. Die Leuchte rechts im Bild ist ein Entwurf des Architekten Santiago Calatrava, der gelbe Sessel ein Design von Carlo Mollino.

ARTS & CRAFTS

Oben links: Auf einem Tisch im Schlafzimmer Salas befindet sich eine Sammlung indischer und afrikanischer Volkskunst.

Oben rechts: Diverse afrikanische Volkskunstobjekte auf einem Tisch im Wohnzimmer.

Unten: Eine Sammlung von Objekten auf einem Ecktisch im Wohnzimmer (von links nach rechts): Terrakotta-Modell für Michele Festas Metalltür, eine weiße Holzskulptur von Arturo Bonfanti, eine afrikanische Skulptur, eine Eisenplastik von Nino Franchina, eine afrikanische Maske, eine Skulptur von Mario Negri sowie eine Holzarbeit von Franco Meneguzzo.

Rechte Seite: Neben einem Sessel aus den 1950er-Jahren im Gästezimmer steht eine kleine Skulptur von Franco Meneguzzo.

Folgende Doppelseite: Eine Sammlung von Gemälden und Zeichnungen ziert Marco Salas Schlafzimmerwand. Die zwei Sessel sind Vintagestücke aus den 1950er-Jahren. Zwischen den Fenstern steht eine Arbeit des Pop-Art-Künstlers Ronnie Cutrone, die Woody Woodpecker zeigt.

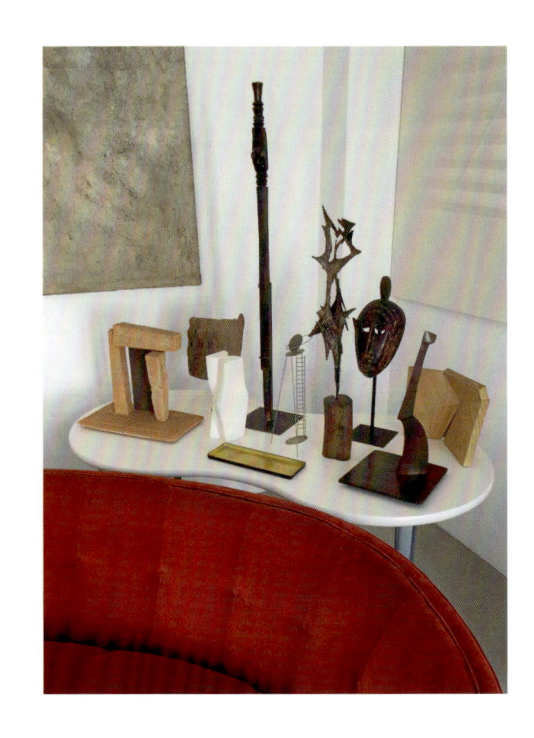

ARTS & CRAFTS

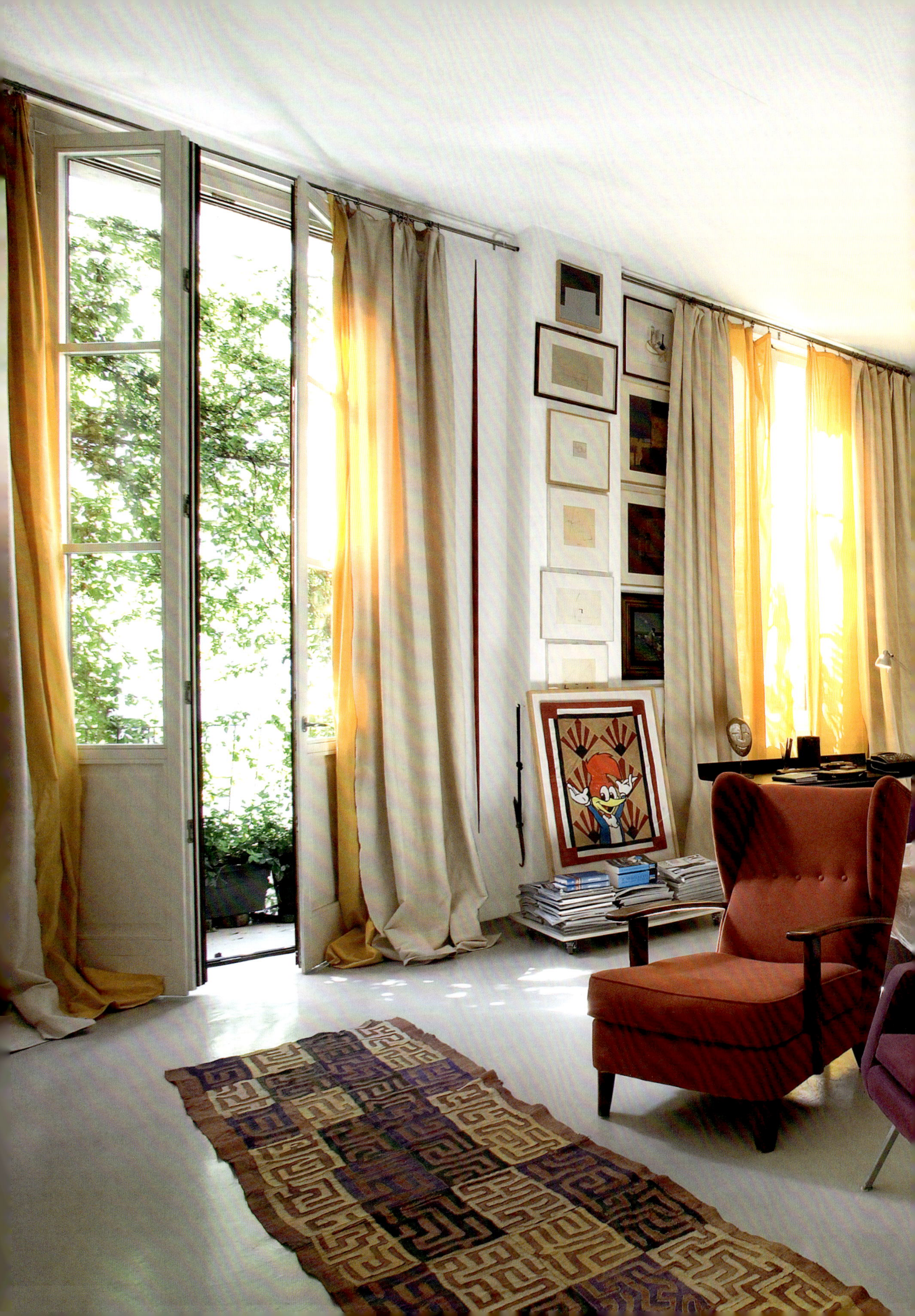

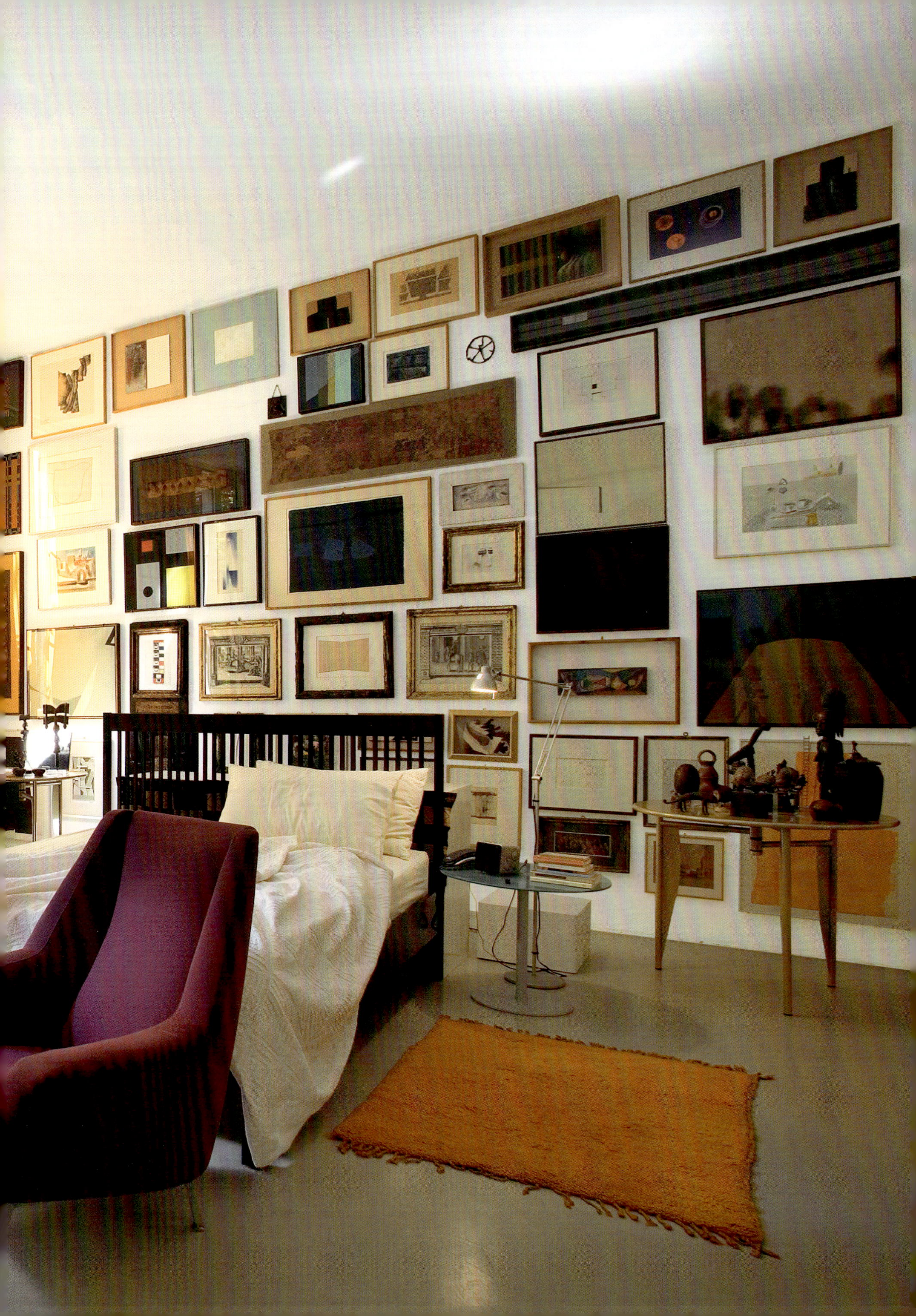

ARTS & CRAFTS

ARTS & CRAFTS

Linke Seite: Die Küche aus weißem Carraramarmor ist ein Entwurf Salas. Eingerichtet ist sie mit einfachen alten Möbelstücken. Das große Gemälde stammt von dem Pop-Art-Künstler Arcangelo.

Oben: Den ausziehbaren Esstisch hat Sala selbst entworfen. Das rote Gemälde sowie das grüne Objekt sind Arbeiten des Südtiroler Künstlers Arthur Kostner. Die weiße Marmorskulptur auf dem Sideboard stammt von Franco Meneguzzo. Ruggero Pazzi ist der Schöpfer der grauen Skulptur auf dem Tisch.

Unten: Das Hauptbad wurde mit dem gleichen Carraramarmor wie die Küche ausgekleidet. Ein altes Tabernakel ziert die Ecke neben der Wanne. An der Wand über dem Spiegel hängen vier Skulpturen von Arthur Kostner.

„Istanbul ist ein unglaublich kosmopolitischer Ort. Obschon ich hier geboren bin, entdecke ich die Stadt jeden Tag aufs Neue."

Coşkun Uysal

Ort: Çukurcuma, Istanbul
Gebäude: Mehrfamilienhaus
Baujahr: ca. 1930
Wohnfläche: 55 m²

Mitten im quirligen Istanbuler Çukurcuma-Viertel hat Coşkun Uysal sein Zuhause gefunden. Wie in seiner Küche spielt der erfolgreiche Jungkoch auch in seiner winzigen Wohnung mit dem für die Metropole am Rande Europas typischen Mix aus Ost und West, Alt und Neu.

Das Quartier hat schon ruhigere Tage gesehen. Doch seit sich zu den Schatzjägern, welche die zahllosen Antiquitätenläden durchstöbern, auch das junge Kreativvolk der Metropole mischt, welches Çukurcuma als günstiges und zentrales Wohnviertel entdeckt hat, und der berühmteste Schriftsteller der Türkei, Orhan Pamuk, hier sein Museum der Unschuld betreibt, steht das Viertel auch bei Kulturtouristen hoch im Kurs. Gleich um die Ecke dieses weltweit ersten Museums, welches ein Buch visualisiert, hat auch Coşkun Uysal sein Zuhause gefunden.

Im gleichen Jahr, in dem er sein erstes Restaurant eröffnete, entschied er sich, in das nahe gelegene Appartement einzuziehen, das er sich ein paar Jahre zuvor gekauft und erst einmal vermietet hatte. Ein befreundeter Architekt ging ihm bei der Renovierung zur Hand. Statt mehrerer kleiner Räume, aus denen die Wohnung bestanden hatte, wünschte sich Coşkun einen großen offenen Raum. „‚Groß' ist natürlich relativ", lacht der sympathische Türke, der seine 55-Quadratmeter-Wohnung auch „Schrank" nennt. Die Küche wurde komplett in den einen Raum integriert und die zwei Wohnräume mit einem neuen, breiten Durchgang verbunden. Die von sämtlichen Verputzen freigelegten Backsteinwände erhielten einen weißen Anstrich und lassen die Zimmer heute großzügiger als zuvor erscheinen. Der Backstein verleiht der kleinen Wohnung zusammen mit den Eichenriemen am Boden einen Touch Industrieromantik. Während das Esszimmer zugleich die Küche sowie eine Arbeitsnische beherbergt, befinden sich Wohn- und Schlafzone im zweiten Raum. Ein schlichtes Holzsideboard trennt die beiden Bereiche. Statt der billigen Plastikfenster ließ Coşkun wieder Holzfenster einbauen, wie er sie auf einem historischen Bild des Hauses gesehen hatte. Seine Kindheit hat der Mitdreißiger am Ufer des Bosporus verbracht, dort, wo Istanbul

FOTOGRAFIE: MARTIN GUGGISBERG

beinahe ans Schwarze Meer reicht. Nach der Schule hat er an der Universität ein Zweijahresprogramm in Tourismus und Hotelmanagement absolviert. Während dieser Zeit sammelte er auch erste praktische Erfahrungen in der Gastronomie. Sein Schlüsselerlebnis hatte er im Jahr 2000, als er in Defne Koryüreks bekanntem Restaurant „Refika" zu arbeiten begann. „Defne ist eine großartige Köchin", sagt Coşkun. „Sie ist unglaublich leidenschaftlich in dem, was sie tut, und war eine echte Inspiration für mich. Vieles, was ich heute übers Essen weiß, habe ich von ihr gelernt." Nach einem ersten Auslandsaufenthalt erhielt der Jungkoch in seiner Heimatstadt die Gelegenheit, die Menüs für das erste „House Café" zu gestalten. Der Mix aus innovativer Küche und einer zeitgenössischen Interpretation osmanischen Einrichtungsstils des berühmten Architekturbüros Autoban schlug ein wie eine Bombe, und der Betrieb wurde ein sofortiger Erfolg. Mittlerweile gibt es allein in Istanbul neun Ableger des erfolgreichen Konzepts. Dazu kommen weitere Zweigstellen in anderen türkischen Städten sowie drei House Hotels. Bis heute ist Coşkun Uysal für die Menügestaltung der gesamten Kette zuständig.

Während seiner ersten Berufsjahre nahm sich Coşkun Uysal jedes Jahr zwei Monate, um zu den besten Köchen Englands und Australiens zu reisen. So arbeitete er in Jamie Olivers Restaurant „Fifteen" ebenso wie im herausragenden „River Café" von Ruth Rogers und Rose Gray in London. Hier besuchte er ein Semester lang außerdem die berühmte Leith's School of Food and Wine. Kein Wunder, dass sein erstes eigenes Restaurant in Istanbul – „Moreish" – zum Erfolg wurde und schon nach kurzer Zeit nach Izmir expandierte. Doch Coşkun wäre nicht Coşkun, wenn er sich auf seinen Lorbeeren ausgeruht hätte. Statt dessen zog er für ein paar Jahre nach Melbourne, wo er unter anderem im Restaurant „Attica" arbeitete, welches eine der weltbesten Küchen hat.

Seit 2012 ist der umtriebige Türke nun zurück in Istanbul. Seine Pläne, so verrät er, sind ein kleines Restaurant im zentralen Stadtteil Karaköy zu eröffnen, wo er in einer offenen Küche Gemüse und Kräuter aus dem eigenen Garten verarbeiten will. Das Lokal mit der Atmosphäre eines unkomplizierten Cafés soll außerdem als Kochatelier dienen, denn immer mehr Leute wollen bei ihm Kochkurse nehmen. Bis dahin übt er sich erst einmal in seinen Führungsfähigkeiten, denn bei der „House Café"-Kette hat er mittlerweile 160 Köche unter sich und ist für die Menügestaltung ebenso verantwortlich wie für die Einhaltung der Qualitätsstandards. Und die setzt der ambitionierte Jungkoch sich selbst weit oben an.

Das Haus, in welchem sich Coşkuns Wohnung befindet, wurde circa 1930 erbaut. Es befindet sich in einer ruhigen Seitenstrasse im Çukurcuma-Quartier im Stadtteil Beyoğlu. Die vorgefundenen Kunststofffenster ließ der neue Besitzer wieder durch Holzfenster ersetzen.

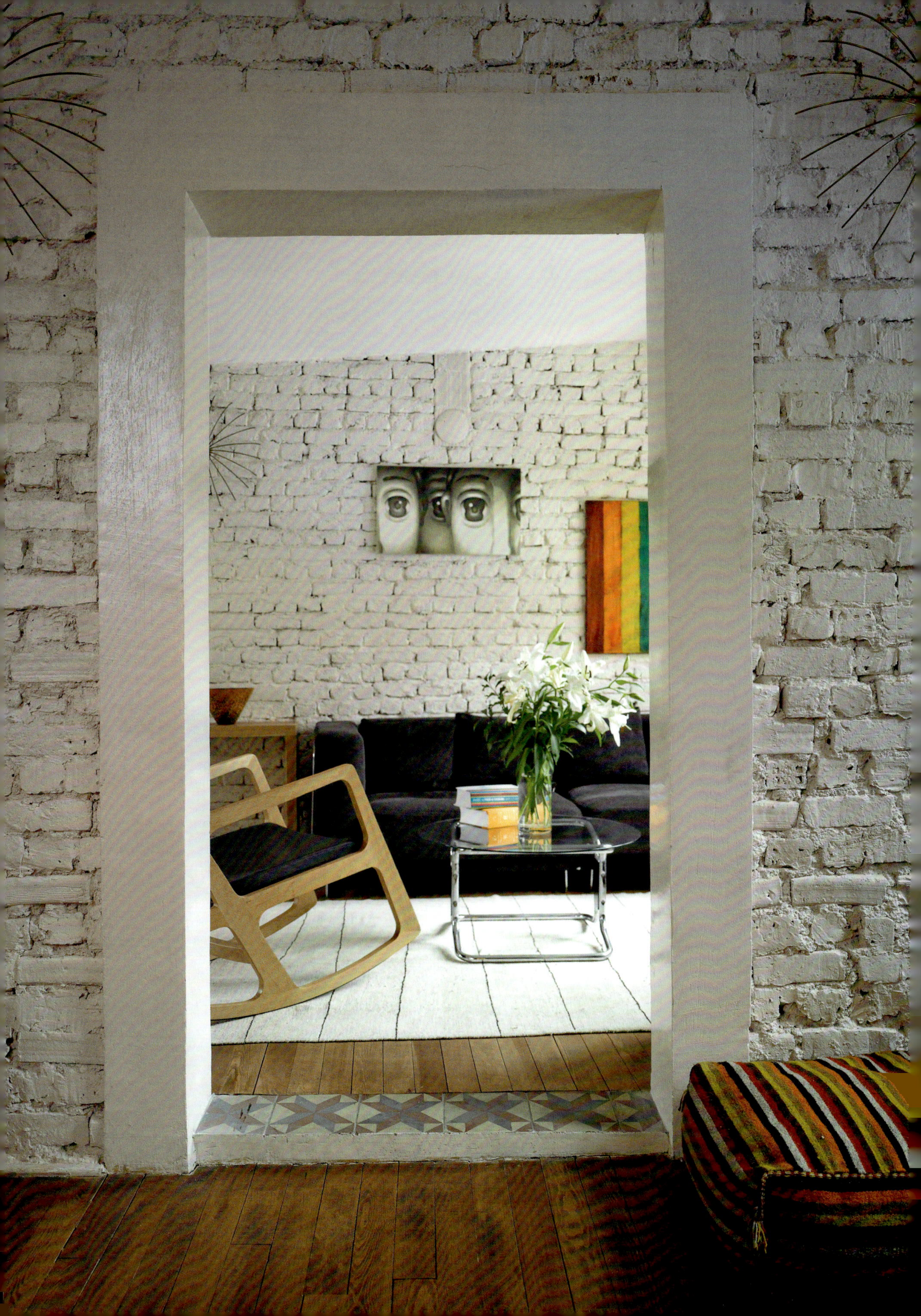

Vorherige Seite: Blick aus dem Koch- und Esszimmer in den Wohn- und Schlafraum der Zweizimmerwohnung. Die alten Böden hat Coşkun durch schlichte Holzriemen ersetzt und die Backsteinwände roh belassen. Das Bild im Wohnzimmer ist eine Arbeit des türkischen Künstlers Ahmed Ocuz.

AM PULS DER WELT

Linke Seite: Der vordere Raum enthält neben Küche und Büro einen Essbereich, den Coşkun mit einem „Tulip"-Tisch und Stühlen von Autoban ausgestattet hat. Das Bild rechts stammt von Ahmed Ocuz, dasjenige im Hintergrund von Meltem Gikas.

Oben: Ein Teil des vorderen Raumes dient Coşkun Uysal als Büro. Leuchte und Sessel sind Vintage-Stücke aus den Antiquitätenläden des Viertels.

Unten: Die Holzfigur ist italienischen Ursprungs und stammt aus den 1920er-Jahren. Sie war das Geschenk eines befreundeten irischen Anglikanerpriesters, der ebenfalls in Istanbul lebt. Die moderne Büste hat Coşkun in einem der zahlreichen Antiquitätenläden seines Viertels gefunden.

„Als Bewohner liebe ich die
Kraft des Betons, als Architekt
seine Vielseitigkeit."

FENSTER ZUM WALD

Beat Schneider

Ort: Goldern, Aarau
Gebäude: Einfamilienhaus
Baujahr: 2011
Wohnfläche: 200 m²

Der Schweizer Architekt Beat Schneider bewohnt einen außergewöhnlichen Betonbau, mit welchem er und sein Partner eindrücklich bewiesen haben, wie man selbst auf der kleinsten Restparzelle ein Wohnhaus mit bestechenden gestalterischen und räumlichen Qualitäten schaffen kann.

Wie ein Scherenschnitt spannt sich das nackte Geäst des Waldes im Winter hinter dem riesigen Fenster des Wohnraumes auf. „Der Sommer ist vergleichsweise langweilig", meint Beat Schneider und blickt auf die grüne Blätterwand, welche das Panoramafenster des Wohnraums derzeit wie ein Bild rahmt. „Besonders schön ist es im Herbst, wenn sich die Bäume unterschiedlich verfärben, und der Anblick jeden Tag ein anderer ist." Es war denn auch die Lage, die den Ausschlag zum Kauf der kleinen Restparzelle am Rande des Aarauer Goldern-Quartiers gegeben hatte. Die Lage und die Überzeugung der Architektenbrüder Schneider und Tobias Sager, ebenfalls Architekt, dass, wie schon das alte Sprichwort sagt, Raum selbst in der kleinsten Hütte ist. Wobei das Wort ‚Hütte' dem Einfamilienhaus, welches auf dem trapezförmigen Grundstück entstanden ist, freilich alles andere als gerecht wird.

Die Architekten haben eine sich nach hinten verjüngende, schlichte Betonskulptur ersonnen, die sie in ein elegantes Kleid aus vertikal montierten, bis zu acht Meter langen Weißtannenbrettern gehüllt haben. Die Holzverschalung erhielt einen tiefschwarzen Anstrich, dessen Glanz das Gebäude je nach Tageszeit und Lichtstimmung in immer anderen Farben schimmern lässt. Der ungewöhnliche Umriss des Wohnhauses rührt von den Mindestabständen und lokalen Bauvorschriften her. „So banal es klingt", schmunzelt Beat Schneider, „das Haus ist ein Baulinienprojekt." Doch die Schneider-Brüder wären nicht Schneider & Schneider Architekten, wenn sie es sich so einfach gemacht hätten. Den speziellen Grundriss und die leichte Hanglage des Landstückes wussten sie geschickt auszunutzen. Die Vorzüge und die Großzügigkeit des Wohnhauses lassen sich durch die unterschiedlich angeordneten, teils riesigen Fenstern zwar erahnen, erschließen sich aber erst im

FOTOGRAFIE: MARTIN GUGGISBERG

FENSTER ZUM WALD

Innern so richtig. Beat Schneider, Thomas Schneider und Tobias Sager haben die Wohnräume in einer imposanten, sich über zwei Stockwerke und zwei Splitlevels nach oben schraubenden Promenade Architecturale angelegt. Der komplette Verzicht auf Erschließungsräume – abgesehen von den halbstöckigen Verbindungstreppen zwischen den Etagen – lässt Luft zum Wohnen und schafft räumliche Weite.

Dank des ungewöhnlichen Grundrisses und der versetzten Etagen sind spannungsreiche Räumlichkeiten mit überraschenden Dimensionen entstanden. Der großzügige Wohnraum etwa trumpft mit einem Höhenunterschied zwischen dem Lesebereich, dessen niedrigere Decke die Ruhe und Introvertiertheit des Lesens unterstreicht, und dem überhohen repräsentativeren Unterhaltungsbereich mit offenem Kamin und dem eingangs beschriebenen Fenster zum Wald. Dass man sich beim Innenausbau fast ausschließlich auf drei Materialien beschränkt hat, verstärkt den ruhigen und skulpturalen Charakter der Räume noch. Zum Einsatz kamen ein dem Mahagoni ähnliches Holz namens Muirapiranga für sämtliche Einbauten sowie ein grauer Samtstoff für die Vorhänge. Das Hauptmaterial des Hauses aber ist Beton. „Wir haben einen ganz gewöhnlichen Baubeton verwendet", erklärt Beat Schneider. „Nur für die Böden haben wir ihn veredelt, indem wir ihn geschliffen haben." Tatsächlich sehen die Fußböden und Treppen des Wohnhauses aus wie ein edler Terrazzo und heben sich deutlich von den Wänden aus rohem Beton ab.

FENSTER ZUM WALD

Die viel beschworene Reduktion aufs Wesentliche lässt sich mit dem flexiblen Baumaterial noch steigern. So verschwinden in dem Bau der Aarauer Architekten sämtliche Stromanschlüsse, Deckenleuchten, und Lichtschalter in den im Vorfeld bis ins letzte Detail geplanten Betonelementen. Unnötig zu erwähnen, dass die Perfektionisten auf Schnickschnack wie Fußbodenleisten, Fensterbretter oder Türrahmen verzichten. Wo die Bewohner unter Umständen gerne mal hinter sich abschließen möchten, kommen Schiebetüren zum Einsatz, was Schwellen, Stürze und Türklinken obsolet macht. Und selbst an den Fenstern vermisst man die üblichen Manifestationen von Öffnungsmechanismen. Hier setzen die Architekten auf das neuartige von der Schweizer Metallbaufirma Krapf entwickelte Air-Lux-System, bei welchem die Dichtung auf Knopfdruck Luft ablässt, sodass der Fensterflügel freigegeben wird und sich selbst bei einem Gewicht von über einer halben Tonne ganz leicht aufschieben lässt. Macht man das Fenster wieder zu, bläst sich die Dichtung von selbst wieder auf und schließt die Öffnung hermetisch ab.

So radikal die Formensprache der Architektur, so konsequent ist die Einrichtung des Hauses. Originale Designklassiker vorwiegend aus der Mitte des 20. Jahrhunderts werden mit Werken Schweizer Künstler von der Konkreten Kunst bis zur Gegenwart ergänzt. Die vorwiegend schwarz-weißen, in feine Eichenrahmen gefassten Zeichnungen und Gemälde heben die Sinnlichkeit der Betonwände hervor, auf welchen sich die zarte Struktur der Holzschalung abzeichnet.

Nicht unerwähnt bleiben darf die von Müller Illien Landschaftsarchitekten gestaltete Umgebung. Ein Meer aus unterschiedlichen, streng angeordneten Heckenpflanzen stellt dem schwarzen, in die Vertikale strebenden Gebäude eine grüne, geometrisch gemusterte horizontale Fläche entgegen. Ein schmaler Pfad durchs akkurat auf 70 Zentimeter getrimmte Gebüsch dient nicht etwa dem Lustwandeln, sondern ist einzig für Pflege und Schnitt des Grünraums gedacht. Den Außenraum nicht als piefiges Vorgärtchen zu gestalten – was ohnehin nicht zum Aarauer Architekturbüro gepasst hätten – entpuppt sich als optisch cleverer Schachzug. Durch den Verzicht auf Eingrenzung wirkt die kleine Restparzelle mit einem Male gar nicht mehr so klein.

Oben: Eine Dachterrasse beendet die Promenade Architecturale, die sich durch das Haus nach oben schraubt.

Linke Seite: Sicht auf die schmale Rückseite des Wohnhauses: Durch die Hanglage liegt das Fenster des Schlafzimmers auf dem Splitlevel beinahe ebenerdig. Das große Fenster rechts gehört zum Essraum mit Küche.

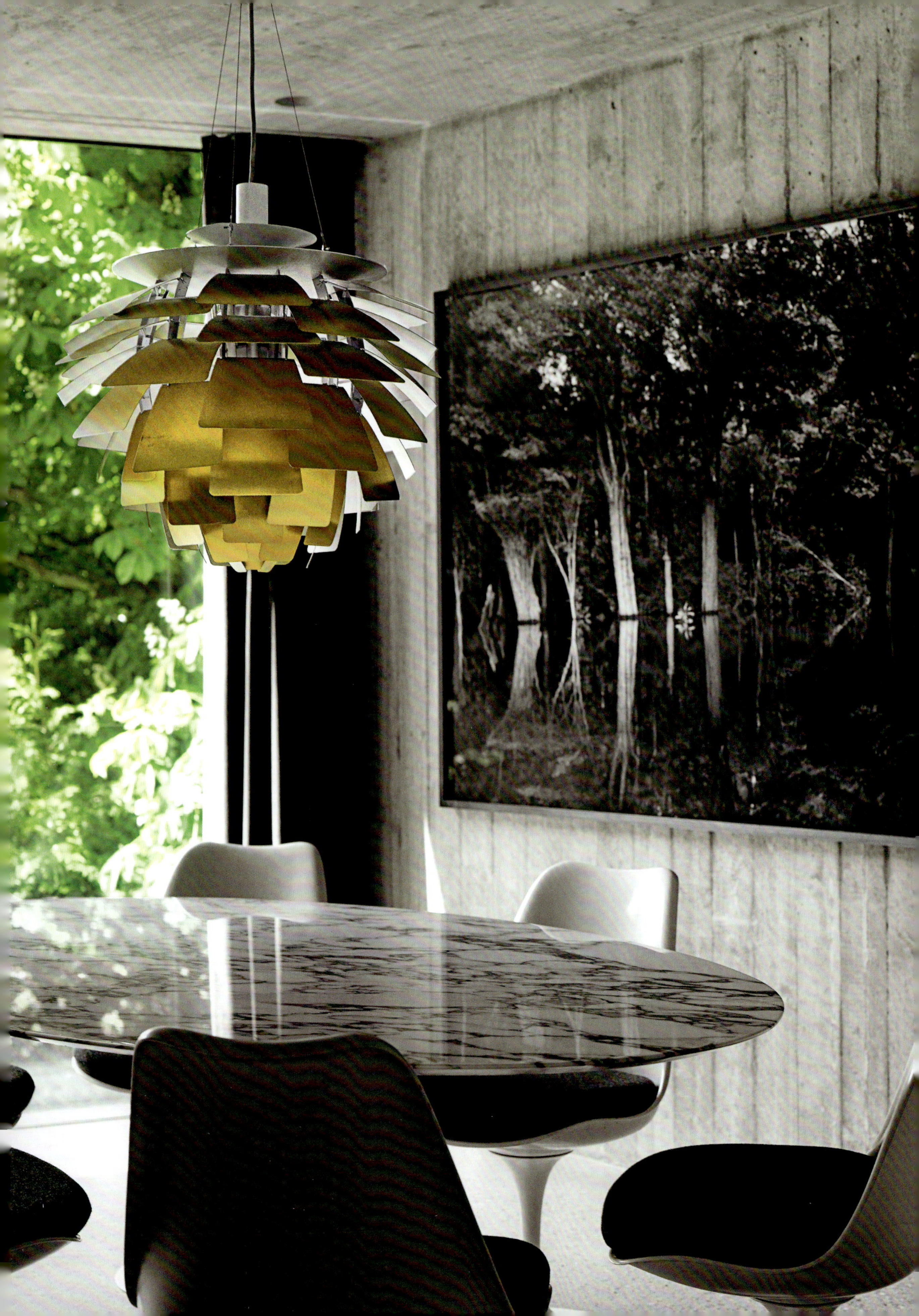

FENSTER ZUM WALD

Linke Seite: Das Esszimmer mit offener Küche nimmt die komplette zweite Zwischenetage ein. Durch das raumhohe Fenster genießt man die Sicht auf die grünen Nachbargärten und den Wald. Auf der Betonwand kommt die riesige Fotoarbeit von Balthasar Burkhard besonders gut zur Geltung.

Oben: Die von den Architekten entworfene Küche besteht aus einer riesigen Schrankwand und einer Kochinsel mit Edelstahlarbeitsfläche und Fronten aus Muirapiranga-Holz. Das Bild stammt von Hugo Suter.

Rechts: Auf einer Fensterbank – aus Beton natürlich – stehen Keramiken des Schweizer Künstlers Wiesendanger aus der Mitte des 20. Jahrhunderts.

Oben: Der Wohnraum auf der ersten Etage verfügt über eine eingebaute Bibliothek aus Muirapiranga-Holz, eine in die Betonwand eingelassene Feuerstelle und ein großes Fenster mit Sicht in den Wald. Das Gemälde hinten sowie die Skulptur an der linken Wand stammen vom Schweizer Künstler Martin Disler. Der Kelim ist ein Familienstück.

Rechts: Verschiedene Heckenarten decken das Land rund um das Haus komplett ab. Der Kiesweg in der Mitte dient lediglich der Pflege der Pflanzen.

Der komplette Verzicht auf Erschließungszonen schafft räumliche Weite.

Oben: Auf der schmaleren Seite des Wohnraums befindet sich die eingebaute Bibliothek. Die tiefe Fensterlaibung ist aus demselben Holz – dem Mahagoni ähnlichen Muirapiranga-Holz. Die Sessel sind Originale des Schweizer Designers Jacob Müller. Der Kelim ist ein Familienstück.

Oben: Das Schlafzimmer befindet sich auf dem ersten Splitlevel. Ein frei stehender Korpus aus Muirapiranga-Holz schafft in dem offenen Raum Privatsphäre und dient als Schrank, der von der Rückseite her zugänglich ist. Die Durchgänge auf beiden Seiten können mittels Schiebetüren verschlossen werden. Die Bilder stammen vom Schweizer Künstler Olivier Mosset.

Rechts: Blick ins Schlafzimmer auf der Zwischenebene.

FENSTER ZUM WALD

Blick vom Eingang ins Erdgeschoss. Hier befindet sich ein Büro, das auch als Gästezimmer fungiert. Ein runder Tulip-Tisch von Eero Saarinen nimmt die Rolle des Nachttischchens ein. Die Zeichnungen an der Wand sind Arbeiten der Schweizer Künstler Max Matter, Verena Löwensberg und Silvia Bächli. Das Bett ist ein Vintage-Stück des Künstlers und Designers Andreas Christen.

Die Reduktion auf wenige Materialien schafft Ruhe und stärkt den Skulpturcharakter.

„Schon als kleiner Junge baute
ich in Skandinavien Iglus
und verband sie mit Gängen."

DIE ZUKUNFT IST RUND

Antti Lovag

Ort: Roureou, Frankreich
Gebäude: Einfamilienhaus
Baujahr: 1970
Wohnfläche: ca. 70 m²

Der französische Architekt Antti Lovag hat in den 1970er-Jahren Kugelhäuser gebaut, die das Wohnen von morgen revolutionieren sollten. Ein Besuch bei dem in Vergessenheit geratenen Visionär des Bauens in Südfrankreich.

Auf einer Betonkugel wächst Moos, mannshohe Metallstrukturen werden von Efeu umrankt. Still ist es in diesem verwunschenen Wald hoch über Tourettes-sur-Loup in den französischen Alpes-Maritimes. In den bewaldeten Hängen dämmern Modelle und Maquetten, Gelungenes und Verworfenes eines hierzulande wenig bekannten Baumeisters vor sich hin. Vier Jahrzehnte ist es her, dass auf diesem versteckten Grundstück in Roureou eine Utopie Gestalt annahm. Wie eine gestrandete Ufo-Flotte liegt hier ein gigantisches Anwesen aus Wohnkugeln, erdacht als Domizil für den Pariser Börsenmakler Antoine Gaudet. Der Baumeister hinter dieser ungewöhnlichen Architektur aus Metall, Beton und Plexiglas ist Antti Lovag. Um das Leben des französischen Architekten ranken sich zahlreiche Legenden. Der heute 92-Jährige wurde als Antal Koski in Ungarn geboren und wuchs in der Türkei, Ungarn und Skandinavien auf. 1945 nahm er – nach allerlei verschlungenen Wegen – eine neue Identität als Antal Lovag an.

1963 zog es Lovag an die Côte d'Azur. Gemeinsam mit Architekten wie Pascal Häusermann experimentierte er mit Formen, die von der Natur inspiriert waren. Bald nannte er sich konsequent Habitologe. Was dies genau heißt, darüber lässt sich der Nonkonformist nur sehr vage aus. Er entwerfe „Habitats", Wohnräume für den Menschen. Nichts weniger als das Modell für das Wohnen von morgen hat Lovag dabei im Sinn. Für ihn bedeutet dies in erster Linie eine Rebellion gegen die gerade Linie und den rechten Winkel: „Der rechte Winkel ist ein Angriff gegen die Natur", befindet Lovag. Eine Begegnung mit dem Industriellen Pierre Bernard wurde zu einem Wendepunkt in Lovags Karriere. In Port-La-Galère entstand zwischen 1971 und 1980 das „Maison Bernard": 26 Wohnkugeln wuchsen wie Pilze aus dem Boden. Der Mäzen finanzierte daraufhin dem bewunderten Freund ein weiteres Kugelhaus in Théoule-sur-Mer. Das Palais Bulles ist schon von

FOTOGRAFIE: PIERRE ADENIS
TEXT: ANDREA ESCHBACH

Weitem sichtbar: Hoch über dem Meer ergießt sich eine immense Kaskadenlandschaft aus riesigen Kugeln.

1979, 14 Jahre später erst, ist die wellige Wohnlandschaft fertiggestellt. Eine Herausforderung nicht nur für Lovag, sondern auch für den Bauherrn. „Ich habe keine Kunden," sagt der Querkopf, „sondern Komplizen. Ich habe zwei Bedingungen: Ich mache weder einen Kostenvoranschlag noch einen Plan." Auf 1200 Quadratmetern und vier Ebenen verteilt gruppieren sich 25 Kugeln. Das Gebäude ist ein Labyrinth, endlose Gänge mäandern durch Salons, Suiten, Büroräume, Bibliothek und Konferenzsaal, in der Gartenlandschaft glitzern zwei Swimmingpools. In jedem Zimmer sind die Öffnungen nach außen sorgfältig erstellt

Im Wald bei Roureou lagern Modelle und Baustrukturen.

worden, um immer wieder neue Ausblicke auf die mediterrane Landschaft zu eröffnen. Bullaugen, Kuppeln und ellipsenförmige Fenster aus Plexiglas zaubern Lichtspiele im Innern. Alles ist rund oder geschwungen. Lovag zeigt sich als virtuoser Spieler. Einer der größten Clous ist die Küche, die sich dank Schienen komplett auf die Terrasse drehen lässt.

Für den französischen Bildhauer César waren Lovags Bauten „riesige bewohnbare Skulpturen". Ihrer Faszination konnte sich auch Pierre Cardin nicht entziehen. Der französische Modemacher erwarb 1989 das avantgardistische Haus für 50 Millionen Francs. Im Palais Bulle fühle er sich wie im Weltraum, gab Cardin einmal zu Protokoll. Einem Raumschiff gleicht auch ein anderer Bau Lovags: Wie bei einer Mondlandung liegt das Interferometer-Laboratorium in der kargen Landschaft der Hochebene von Calern. Das 1979 entstandene Sphärenhaus, Teil der Sternwarte der Côte d'Azur, scheint aus einer fremden Welt zu stammen.

Lovags Meisterwerk ist jedoch das Domizil für Antoine Gaudet. An diesem futuristischen Bauwerk arbeitete Lovag ab 1968. Zahllose gigantische Seifenblasen bieten 1600 Quadratmeter Wohnfläche, verteilt über das terrassierte Waldgelände. Im Laufe der sich hinziehenden Bauarbeiten verlor Gaudet jedoch das Interesse. Der Bau, halb Vision, halb Ruine, verfiel. Lovag, der seit 1970 gleich daneben in einer kleinen grünen Wohnkugel lebt, musste zusehen, wie sein Lebenswerk marode wurde. 2006 jedoch verliebte sich ein Millionär in die ewige Baustelle. Der neue Investor gab eine zweistellige Millionensumme für die Fertigstellung seines „Traumhauses" aus. Vier Jahre später war die Utopie Wirklichkeit geworden. Im Zentrum des wohl schlüssigsten Werks Lovags steht eine große Halle, die Innen und Außen wirkungsvoll verschränkt. Ein kleiner Bach fließt durch den Bau, Palmen gedeihen in diesem Patio, riesige Felsen säumen den Pfad. An die zentrale Halle schmiegen sich mal kleinere, mal größere Kugelräume. Ein lichtdurchflutetes Raumensemble, in dem alles den Lovagschen Gesetzen gehorcht: Keine Türen, außer dort, wo sie unbedingt nötig sind – wie Haus- und

DIE ZUKUNFT IST RUND

Toilettentür. Die Natur ist allgegenwärtig. Vorgefundene Kalkfelsen sind im Innengarten, aber auch im Swimmingpool integriert. In Roureou hat der Utopist Lovag die Verschmelzung von Mensch, Raum und Natur zur Perfektion geführt.

Der „Prophet des Runden", wie er einmal genannt wurde, lebt heute vereinsamt in seinem ersten Bau, dem kleinen Modell-Kugelhaus von 1970. Den Funken, den Lovag mit seinen Wohnutopien entzündet hat, hat er jedoch weitergegeben. Wer nach seinen Gesetzen bauen wollte, den nahm der Exzentriker in Workshops auf. Lovag jedoch blickt nach vorn: „Die Vergangenheit interessiert mich nicht." Er ist bereits wieder auf der Suche nach einem Abenteurer, einem Komplizen im Geiste.

Durch das augenförmige Fenster blickt man in eine grüne Idylle und die Berge der französischen Alpes-Maritimes.

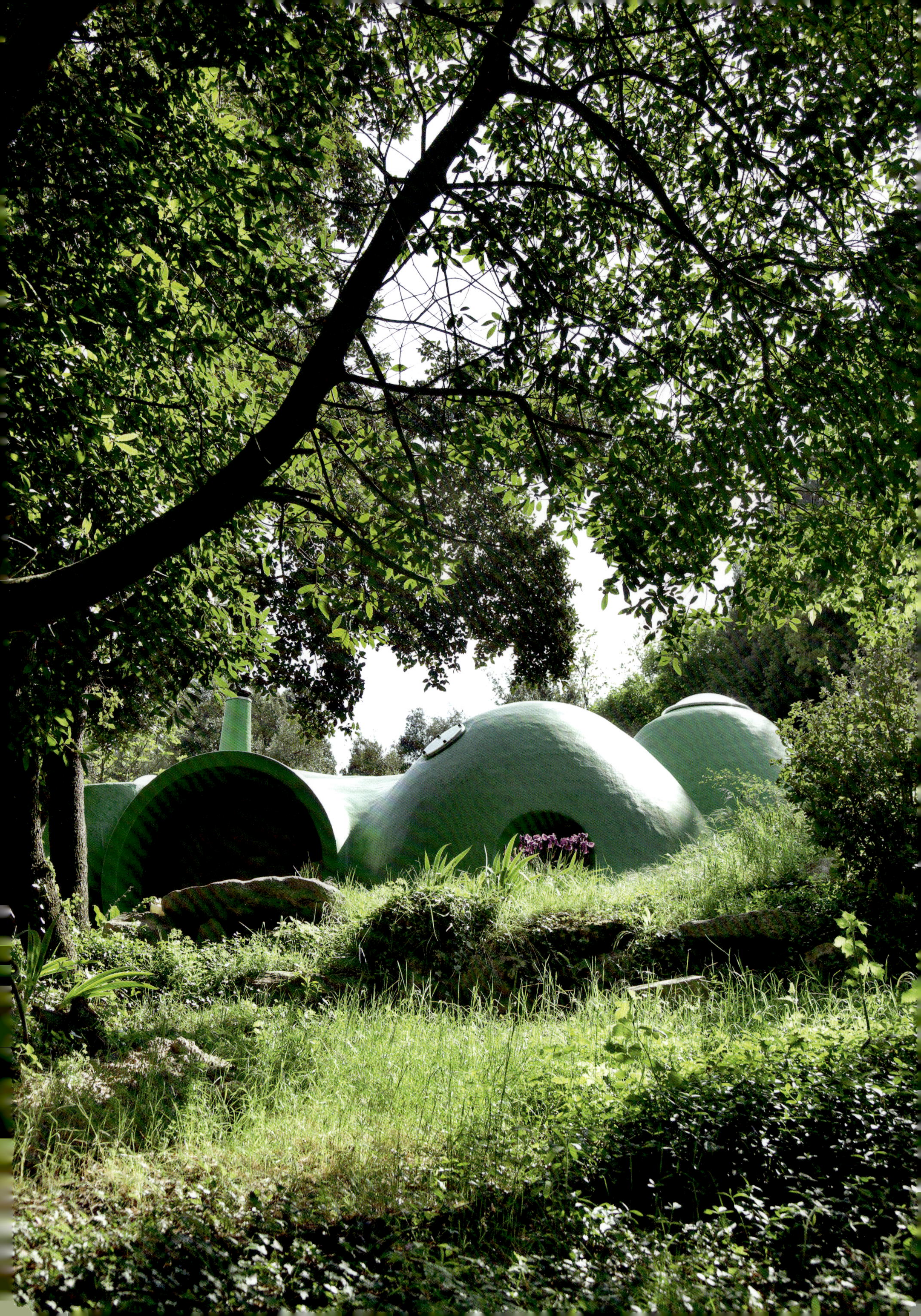

DIE ZUKUNFT IST RUND

Antti Lovag ist bereits wieder auf der Suche nach einem Abenteurer, einem Komplizen im Geiste.

Linke Seite: Antti Lovags Kugelhaus im Wald hoch über dem südfranzösischen Tourrettes-sur-Loup schmiegt sich in die malerische Landschaft.

Oben: Das Schlafzimmer von Antti Lovags Modell-Kugelhaus – natürlich mit kreisrundem Bett – zieren fröhliche Pflanzenmalereien.

Rechts: Bereits in Entree und Flur ist von der Leuchte über die Ablagen bis zu den Fenstern alles kugelrund.

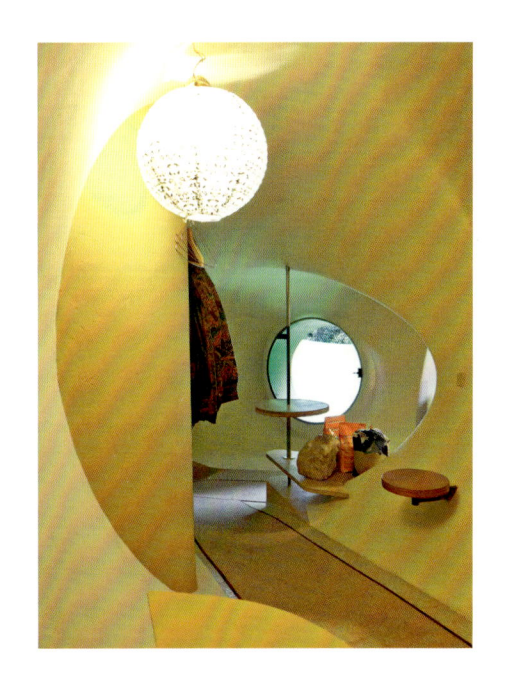

Oben: Als ob ein Raumschiff gelandet wäre: ein verlassenes Bauteil im Wald bei Antti Lovags Wohnhaus.

Rechts: Blick in das Stahlskelett eines Rundbaus.

Rechte Seite: Antti Lovags Werkstatt in Roureou befindet sich – wie könnte es anders sein – in einem weiteren Kugelbau.

DIE ZUKUNFT IST RUND

MITWIRKENDE

Autoren und Produzenten

Mirko Beetschen (1974) wuchs im Berner Oberland auf, besuchte das Gymnasium in Interlaken und studierte in Bern Englische und Amerikanische Literatur sowie Medienwissenschaften. Noch während des Studiums begann er seine Arbeit als Redakteur beim Archithema Verlag in Zürich, bildete sich in Design und Architektur weiter und machte sich 2005 selbstständig. Nach zwei Jahren als freier Journalist wurde er Partner der Bergdorf AG. Beetschen und Houlmann produzieren unter anderem Wohn-, Architektur- und Reisereportagen, die in Magazinen weltweit erscheinen. „Men's Homes" ist ihr zweites Buchprojekt.

www.bergdorf.org

Andrea Eschbach ist 1964 in Mannheim geboren. Die Kunsthistorikerin startete ihre Karriere zur Designjournalistin als Redakteurin des Designmagazins Form. Seit 2001 lebt sie in Zürich. Nach Festanstellungen bei der Neuen Zürcher Zeitung (Online und Printredaktion) sowie im Stil-Bund der NZZ am Sonntag schreibt sie heute als Freelancerin über Kulturthemen für Zeitungen wie die Neue Zürcher Zeitung, die Basler Zeitung und Der Standard sowie für eine Reihe von Magazinen wie Frame, MD, db und Design Report.

Ruth Händler (1953), gebürtige Fränkin mit ausgeprägtem Hang zur Alpensüdseite vom Engadin bis nach Venetien, machte nach dem Abitur ein klassisches Zeitungsvolontariat und arbeitete als Kulturredakteurin. Danach studierte sie Romanistik, Kunstgeschichte sowie Kommunikationswissenschaft in Stuttgart und in Tours. Parallel dazu spezialisierte sie sich auf den Beruf der Kunstkritikerin und Kunstpublizistin. Sie war Korrespondentin und Autorin des Kunstmagazins ART. Heute arbeitet sie für zahlreiche Zeitschriften in Deutschland und der Schweiz. Ihr Kunstinteresse verbindet sie mit ihrer Leidenschaft für schönes Wohnen: Für internationale Magazine produziert und schreibt sie Reportagen über Wohnwelten von der Palladio-Villa bei Venedig bis zum hypermodernen Loft.

Stéphane Houlmann wurde 1967 in Bern geboren. Nach einer kaufmännischen Ausbildung besuchte er die Schweizerische Hotelfachschule in Luzern. Während sechs Jahren war er erfolgreicher Hotelier in der Berner Altstadt, bevor er nach Zürich zog, um sich neuen Projekten zu widmen. Stéphane Houlmann ist Partner der Bergdorf AG und hier sowohl für Innenarchitektur-Projekte, die Bergdorf Homes in Bern als auch das Erarbeiten von Umnutzungs- und Hotelleriekonzepten zuständig.

www.bergdorf.org

Kristina Raderschad (1975) hat in Toulouse und Düsseldorf Kunstgeschichte und Innenarchitektur studiert. In dieser Zeit absolvierte sie im Büro von Andrée Putman in Paris ein Praktikum in Presse- und Öffentlichkeitsarbeit. Seit ihrem Studienabschluss im Jahr 2000 ist sie als Fachjournalistin und Produzentin tätig, zuerst als Redakteurin und Auslandskorrespondentin, später als freie Journalistin. Seit 2005 führt sie in Köln ihr eigenes Redaktionsbüro. Sie hat sich auf Architektur-, Kunst- und Designthemen spezialisiert und produziert mit freien Fotografen wie Sabrina Rothe oder Christian Schaulin Reportagen rund um den Globus.

www.kristinaraderschad.de

Fotografen

Pierre Adenis wurde 1962 in Toulon, Frankreich, geboren. Er lebte in Nizza, Lille und Paris, bevor er 1987 nach Berlin zog und drei Jahre später seine Tätigkeit als Fotojournalist aufnahm. Er arbeitete für französische Zeitungen und Magazine wie Libération, Le Point oder le Nouvel Observateur und als Korrespondent für die Fotoagentur SIPA Press, später auch für deutsche Magazine wie Focus, Spiegel und GEO. In seiner Wahlheimat arbeitet er derzeit an einer Langzeitdokumentation über die Berliner Museumsinsel. Seit 2003 wird Pierre Adenis durch die Agentur LAIF vertreten.

James Carrière (1966) ist in Los Angeles aufgewachsen. Seine erste Kamera erhielt er als Give-away in einem Schuhgeschäft und war fortan leidenschaftlicher Fotograf. Am Polytechnikum in San Luis Obispo sowie an der Universität von San Jose studierte er Kunst, assistierte bei diversen angesehenen Fotografen und arbeitete für eine Zeit beim Verlagshaus Time Inc. Seit 2007 arbeitet er als selbstständiger Fotograf. Heute teilt er sich die Zeit zwischen San Francisco, wo er lebt, und New York, wo zahlreiche seiner Kunden sitzen. Derzeit arbeitet er an einem Kunstprojekt, welches die holländischen und flämischen Maler des 17. Jahrhunderts fotografisch neu interpretiert.

www.jamescarriere.com

Daniel Gerber, geboren 1958 im Simmental im Berner Oberland, machte seine Matur in Bern, bevor er sich in den frühen 1980er-Jahren im kalifornischen Santa Barbara in den USA zum Fotografen ausbilden ließ. Nach zweijähriger Fotoassistenz zurück in Zürich, machte er sich 1986 als Fotograf selbstständig und ist seither auf die Bereiche Stillleben, Architektur, Porträt und Reisen spezialisiert. Er lebt mit seiner Partnerin und der gemeinsamen Tochter in Zürichs ‚wildem Westen' und führt neben der Fotografie die familieneigene Bio-Biscuit-Manufaktur Gerber im Berner Oberland.

www.danielgerber.ch

Martin Guggisberg (1971) wuchs bei Bern auf. Er besuchte das dortige Lehrerseminar und begann schon früh für lokale Zeitungen zu fotografieren, bevor er in England an der London Film School studierte. Guggisberg hat seither zahlreiche, mit Preisen ausgezeichnete Kurzfilme gedreht. Außerdem arbeitet er als Fotograf für Tageszeitungen und Zeitschriften. Mit der Agentur Bergdorf realisiert er regelmäßig internationale Interior-, Architektur- sowie Reisereportagen, die in Designmagazinen rund um den Globus publiziert werden. 2009 gründete er zusammen mit der Schauspielerin Ruth Schwegler die Produktionsfirma so & so GmbH.

www.martinguggisberg.ch

MITWIRKENDE

Um die Arbeiten des Fotografen **Bruno Helbling** (1971) kommt man in der Schweizer Innenarchitektur-Szene längst nicht mehr herum. Aufgewachsen in Männedorf am Zürichsee, machte der Metzgersohn erst eine Metzgerlehre, bevor er seinen Traum, Fotograf zu werden, verwirklichte. Nach ersten Lehr- und Assistenzjahren in der Schweiz, Australien und Südafrika machte er sich 1998 in Zürich selbstständig. Seither hat sich Bruno Helbling auf die Bereiche Architektur, Innenarchitektur und Stillleben spezialisiert und arbeitet für zahlreiche Kunden im redaktionellen sowie im Werbebereich. Daneben realisiert er freie Fotoarbeiten zu unterschiedlichen Themen.

www.helblingfotografie.ch

Seit er sein Studium der Fotografie an der Glasgow School of Art abgeschlossen hat, gilt **Andrew Lee** (1964) als einer der führenden Architekturfotografen Schottlands. Er arbeitet für die bekanntesten nationalen Architektur- und Designbüros, und seine Arbeiten befinden sich in der permanenten Sammlung der Nationalgalerien von Schottland. Von 1998 bis 2005 hat er am Stow College in Glasgow unterrichtet. Er lebt und arbeitet in Glasgow.

www.andrewleephotographer.com

Quirin Leppert (1963), dessen Vater und zwei Tanten schon professionell fotografierten, wuchs in München auf, machte hier Abitur, Zivildienst und diverse Praktika beim Film und Fernsehen, bevor er in Rom und London seine Fotografenausbildung absolvierte und assistierte. In Hamburg gründete er 1991 sein eigenes Fotostudio und arbeitet seither für Werbeagenturen, Presse und Privatwirtschaft. 1996 zog Leppert nach München zurück und lebt seit 2004 mit Frau und zwei Söhnen am Starnberger See. Seit 2004 hat er einen Lehrauftrag für Architekturfotografie an der Uni Innsbruck.

www.quirinleppert.de

Der Italiener **Antonio Maniscalco** (1959) studierte am Polytechnikum in Mailand Architektur. Schon während des Studiums assistierte er bei diversen Architekturfotografen. Unmittelbar nach seinem Abschluss 1982 machte er sich als Fotograf selbstständig und spezialisierte sich auf die Bereiche Innenarchitektur, Architektur und Kunst. Seine Reportagen wurden in Magazinen wie The World of Interiors, Domus und Elle veröffentlicht. Heute arbeitet er für Kunstgalerien und Museen in ganz Europa sowie für zahlreiche zeitgenössische Künstler. Maniscalco lebt mit seiner Frau im Zentrum von Mailand.

Sabrina Rothe (1968) wuchs bei Stuttgart auf. Nach dem Abitur sowie verschiedenen Praktika und Assistenzen am Theater, bei Grafikern und Fotografen entschied sie sich für die Fotografie und studierte an der Folkwangschule in Essen Kommunikationsdesign mit Schwerpunkt Fotografie und Editorial Design. Seit 1994 arbeitet sie als freie Fotografin für Magazine und Werbung im Bereich Interieur, Garten, Lifestyle und Reisen. Für renommierte internationale Zeitschriften- und Buchverlage ist sie in ganz Europa unterwegs. Dazwischen arbeitet sie an eigenen Fotokunstprojekten und hat bereits diverse Ausstellungen realisiert. Sabrina Rothe lebt mit Mann und Sohn in Köln.

www.sabrina-rothe.de

Grafiker

Adam Joseph Rofé Thompson (1971) wurde in Chertsey, England, geboren. Aufgewachsen in England, Holland und der Schweiz, studierte er Grafik und Kunst am Birmingham College of Art & Design sowie an der School of Communication Arts in London. Seit 1992 lebt und arbeitet er in Zürich. Zu Beginn als Art Director für zahlreiche namhafte Agenturen wie Lowe, Saatchi & Saatchi und Benker Steiner Matter tätig, ist Thompson heute freischaffender Gestalter im Bereich Buchgestaltung, Corporate Identity sowie Webdesign und daneben bildender Künstler. Seine Arbeiten waren bereits in diversen Einzelausstellungen in Galerien in der Schweiz und in Frankreich zu sehen.

www.adamthompson.ch

Violeta Tschäppeler (1978) ist in Zürich aufgewachsen, wo sie an der Zürcher Hochschule der Künste Design mit Vertiefung Textil studierte. In Barcelona, wo sie zwei Jahre lebte, machte sie einen Master in Grafikproduktion und Verpackungsgestaltung. Nach Praktika in Paris und Wien arbeitete sie in Zürich in verschiedenen Redaktionen und für diverse Firmen, bevor sie 2008 ihr eigenes Grafikbüro eröffnete. 2009 wurde sie vom Bundesamt für Kultur für die Mitgestaltung des Buches „Crossmappings – Essays zur visuellen Kultur" ausgezeichnet.

www.violetatschaeppeler.com

Architekten und Innenarchitekten

Atelier Neuenschwander, Gockhausen, Schweiz, www.atelier-neuenschwander.ch

Barth, Dr. Fritz, Fellbach, Deutschland, www.fritz-barth.de

Chairness Consulting,
Leo Zimmermann, Riehen, Schweiz,
www.chairness.ch

Dualchas, Glasgow, Schottland,
www.dualchas.com

Himmelstein, Peter, New York, USA,
www.himmelstein.us

Ladner Meier Architekten, Zürich, Schweiz, www.ladnermeier.com

MADA s.p.a.m., Pasadena, USA,
www.madaspam.com

Müller Illien, Zürich, Schweiz,
www.muellerillien.ch

Schneider & Schneider, Aarau, Schweiz, www.schneiderschneider.ch

Strasser Architektur AG, Frank E. Strasser, Zürich, Schweiz, fes@sunrise.ch

Wiegmann Architekten, Köln, Deutschland, www.wiegmann-architekten.de

HERSTELLERVERZEICHNIS

Seite 13
Vasen (Mitte und rechts):
Jonathan Adler,
www.jonathanadler.com

Seite 27
Esstisch: Lehni, www.lehni.ch
Stühle: Vitra, www.vitra.com

Seite 31
Sofa: Knoll, www.knoll.com
Sessel: Vitra, www.vitra.com
Teppich: Tai Ping,
www.taipingcarpets.com
Bodenleuchte: Louis Poulsen,
www.louispoulsen.com

Seite 40
Esstisch: Moroso, www.moroso.it

Seite 41
Sofa: Christian Liaigre,
www.christian-liaigre.fr

Seite 43
Schreibtisch und Stuhl: Magis,
www.magisdesign.com
Tischleuchte: Artemide,
www.artemide.com

Seite 48
Sofas: B&B Italia,
www.bebitalia.it
Sessel: Fritz Hansen,
www.fritzhansen.com

Seite 49
Stuhl: Edra, www.edra.com
Tischchen: Cassina,
www.cassina.com

Seite 50
Küche: Dada, www.dadaweb.it
Tisch und Stühle: Artek,
www.artek.fi

Seite 51
Sideboard: B&B Italia,
www.bebitalia.it
Sekretär: Bernini, www.bernini.it
Stuhl: Cassina, www.cassina.com

Seite 67
Regal: USM, www.usm.com
Tisch und Stühle: Knoll,
www.knoll.com
Teppich: Ege,
www.egecarpet.com

Seite 70
Sideboard: Ikea, www.ikea.com
Leuchte: Martinelli Luce,
www.martinelliluce.it

Seite 70
Sofa und Poufs: Cassina,
www.cassina.com
Lederhocker und Tischchen:
Knoll, www.knoll.com
Leuchte: Oluce, www.oluce.com

Seite 79
Sofas: Erik Jørgensen,
www.erik-joergensen.com
Sessel und Leuchte: Ligne Roset,
www.ligne-roset.com

Seite 84
Tisch und Stühle: Sawaya &
Moroni, www.sawayamoroni.com
Wandelemente aus Leder und
Leuchte: B.Home,
www.bhomeinteriors.com
Vase: Tichelaar, www.tichelaar.nl

Seite 85
Sofa: Azucena, www.azucena.it
grüne Bank: Anthologie Quartett,
www.anthologiequartett.de
Ledertisch: B.Home,
www.bhomeinteriors.com
Radio: Brionvega, www.brionvega.it

HERSTELLERVERZEICHNIS

Seite 86
Bücherregal, Sideboard
und Sessel: Sawaya & Moroni,
www.sawayamoroni.com

Seite 98
Sessel: Lutyens Furniture
& Lighting,
www.lutyens-furniture.com

Seite 107
Bücherregal: Flexform,
www.flexform.it
Sessel: Maxalto, www.bebitalia.it
Bodenleuchte: Armani Casa,
www.armanicasa.com

Seite 107
Sofas: Maxalto, www.bebitalia.it
Leuchten: Armani Casa,
www.armanicasa.com

Seite 108
Küche: Schiffini, www.schiffini.it
Stuhl: Kartell, www.kartell.it

Seite 114
Bibliothek: Edition beatfrank,
www.beatfrank.com
Sideboard: USM, www.usm.com
Pult und Bürostuhl: Alias,
www.aliasdesign.it
Kunststoffsessel: Adelta,
www.adelta.de

Seite 116
Küche und Hocker: Driade,
www.driade.com
Tisch: Knoll, www.knoll.com
Stuhl: Fritz Hansen,
www.fritzhansen.com

Seite 117
Sessel: Vitra, www.vitra.com
Bodenleuchte: Oluce,
www.oluce.com
Sisalteppich: Ruckstuhl,
www.ruckstuhl.com

Seite 121
Tisch: E15, www.e15.com
Stühle: PP Møbler, www.pp.dk
Leuchte: Louis Poulsen,
www.louispoulsen.com

Seite 126
Tisch und Bank: E15,
www.e15.com

Seite 143
Tisch, Sessel und Stühle mit
Kissen: Knoll, www.knoll.com
Stühle ohne Kissen: Vitra,
www.vitra.com

Seite 155
Bücherregal: Ikea, www.ikea.com
Loungetisch: Vitra, www.vitra.com

Seite 157
gelber Sessel: Driade,
www.driade.com

Seite 168
Tisch: Knoll, www.knoll.com
Stühle: Autoban,
www.autoban212.com

Seite 174
Tisch, Stühle: Knoll,
www.knoll.com
Leuchter: Louis Poulsen,
www.louispoulsen.com

Seite 176
Sessel: Cassina, www.cassina.com
Liege: Classicon,
www.classicon.com

Impressum

Deutsche Originalausgabe
Copyright © 2013 Knesebeck GmbH & Co. Verlag KG, München
Ein Unternehmen der La Martinière Groupe

Konzept: Mirko Beetschen & Stéphane Houlmann
Text: Mirko Beetschen
Gestaltung und Satz / Umschlaggestaltung:
Adam Thompson & Violeta Tschäppeler
Redaktion: Buchwerk | Victoria Salley, München
Lithografie: Reproline Genceller, München
Herstellung: Sieveking · Verlagsservice, München
Druck: Firmengruppe Appl, aprinta druck, Wemding
Printed in Germany

ISBN 978-3-86873-598-7

Alle Rechte vorbehalten, auch auszugsweise.

www.knesebeck-verlag.de